THE KITCHEN BOOK
DIE KÜCHE
HET KEUKENBOEK
EL GRAN LIBRO DE LAS COCINAS

THE KITCHEN BOOK
DIE KÜCHE
HET KEUKENBOEK
EL GRAN LIBRO DE LAS COCINAS

Marta Serrats

FKG

Editorial project:
2011 © LOFT Publications
Via Laietana, 32, 4º, Of. 92
08003 Barcelona, Spain
Tel.: +34 932 688 088
Fax: +34 932 687 073
loft@loftpublications.com
www.loftpublications.com

Created and distributed in cooperation
with Frechmann Kolón GmbH
www.frechmann.com

Editorial coordinator:
Simone K. Schleifer

Assistant to editorial coordination:
Aitana Lleonart Triquell

Editor:
Marta Serrats

Art director:
Mireia Casanovas Soley

Design and layout coordination:
Claudia Martínez Alonso

Cover layout:
María Eugenia Castell Carballo

Layout:
Anabel N. Quintana

Translations:
Cillero & de Motta
Mengès (FR)

ISBN 978-84-9936-828-3 (GB)
ISBN 978-84-9936-826-9 (D)
ISBN 978-84-9936-829-0 (NL)
ISBN 978-84-9936-827-6 (E)

Printed in China

LOFT affirms that it possesses all the necessary rights for the publication of this material and has duly paid all royalties related to the authors' and photographers' rights. LOFT also affirms that it has violated no property rights and has respected common law, all authors' rights and other rights that could be relevant. Finally, LOFT affirms that this book contains no obscene nor slanderous material.
The total or partial reproduction of this book without the authorization of the publishers violates the two rights reserved; any use must be requested in advance.
If you would like to propose works to include in our upcoming books, please email us at loft@loftpublications.com.
In some cases it has been impossible to locate copyright owners of the images published in this book. Please contact the publisher if you are the copyright owner of any of the images published here.

Introduction	6
XXS / CUISINES COMPACTES	12
Tips / Astuces	48
MEDIUM / CUISINES PETITES ET MOYENNES	100
Tips / Astuces	188
OPEN & VIEW / CUISINES AMÉRICAINES	244
Tips / Astuces	370
EAT-IN / CUISINES-SALLES À MANGER	380
Tips / Astuces	454
XXL / CUISINES XXL	488
Tips / Astuces	556
Directory of architects and designers / Répertoire des architectes et des designers	598
Photo credits / Crédits photographiques	599

The kitchen is one of the essential areas in a home. Ever since buildings were first erected, this room has always been present in a house, with the fire used for cooking also being used to heat the home. When designing this space, attention should be paid to the area available, since this is what will dictate the choice and the arrangement of the various elements. Hence, this book offers a practical, visual presentation of a selection of kitchens arranged according to size and/or layout: XXS, Medium, Open & View, Eat-in and XXL.

A spacious room allows the different functions to be clearly separated and enables you to work in greater comfort: a large table for preparing food, a cooking area, another for the sink, and a multitude of different arrangements for the appliances, and for storing the crockery and utensils. A well-designed kitchen saves time, and makes it easier to work and carry out the subsequent chores to clean and tidy up. You need to keep in mind that all the necessary household appliances will have to be incorporated: refrigerator, oven, worktop, microwave, dishwasher, to name but a few, all of them with a very specific function and a position which is often determined by the structure of the space and the position of the electricity sockets and faucets. Success in most cases is more likely to depend on perspicacity than budget. Having a kitchen with everything you need and which is nice and tidy is a really attractive challenge. The need for creativity is all the greater in light of the difficulties, and ideas – either clasical or creative – to get the most out of every inch of space available may even change the way of life of those who will use the kitchen to enjoy the art of cooking, or simply be in the room either to eat, study or engage in conversation.

In small kitchens, the best thing to do is to integrate all the functions in a reduced area thereby achieving a composition that is as practical as possible. Resilience and easy maintenance are basic premises when it comes to choosing materials. Steel and wood are two of the most common, along with marble and other innovative materials that are emerging on the market, such as Silestone or Corian.

Furthermore, with the boom of loft-style housing a new model of kitchen emerged that no longer demanded its own closed space, but remained open and accessible to the other rooms, normally to the living room or the dining room, or facing outwards with its own window to benefit from the light and the views. In many of these cases, the kitchen was designed in the shape of an island or peninsula, which also served to visually separate the kitchen from the other rooms. In some cases, it is even possible to have an open-plan kitchen or kitchenette.

Obviously, having space is a luxury, but the trick in obtaining a really attractive kitchen is to make it your own once you have ensured that it is truly functional.

Die Küche ist einer der wichtigsten Bereiche eines jeden Zuhauses. Bereits in den ersten Häusern war dieser Raum vorhanden, in dem das Feuer zum Kochen loderte und gleichzeitig das gesamte Heim erwärmte. Bei der Gestaltung der Küche spielt die verfügbare Fläche eine besondere Rolle, denn von ihr hängen Auswahl und Anordnung der einzelnen Elemente ab. Aus diesem Grund präsentiert der vorliegende Band eine breit gefächerte Auswahl an Küchen, gegliedert nach ihrer Größe und/oder Raumaufteilung: XXS, Medium, Open & View, Eat-in und XXL.

Ein großer Raum ermöglicht eine klare Trennung der einzelnen Bereiche und ein bequemeres Arbeiten: eine lange Arbeitsplatte für die Zubereitung der Speisen, eine Kochzone mit Herd, ein Spülbereich sowie zahlreiche unterschiedliche Kombinationen für die Aufstellung der Haushaltsgeräte und für die Aufbewahrung von Küchenutensilien und -zubehör. Eine klug eingerichtete Küche spart Zeit und erleichtert das Kochen sowie das anschließende Aufräumen und Saubermachen. Bei der Gestaltung der Küche muss auch an die Unterbringung der notwendigen Haushaltsgeräte gedacht werden... Kühlschrank, Herd, Backofen, Mikrowelle und Geschirrspüler erfüllen jeweils eine bestimmte Funktion und ihr Einbauort ist oftmals durch die bestehende Anordnung von Strom- und Wasseranschlüssen vorgegeben. Wie so oft hängt der Erfolg vielmehr von einer scharfsinnigen und vorausschauenden Planung ab als vom verfügbaren Budget. Die Herausforderung, eine ordentliche Küche mit der erforderlichen Ausstattung zu gestalten, ist hochinteressant. Die hier vorgestellten – oftmals klassischen und bisweilen sehr originellen –
Ideen für die optimale Nutzung jedes Quadratzentimeters können den Alltag aller verändern, die mit Leidenschaft am Herd stehen oder sich gerne in der Küche aufhalten, sei es zum Essen, zum Lernen oder zum Reden.

In kleinen Küchen dagegen müssen alle wichtigen Funktionen möglichst praktisch und auf begrenztem Raum kombiniert werden. Bei der Auswahl der Materialien sollte deshalb besonders viel Wert auf eine lange Lebensdauer und eine einfache Reinigung gelegt werden. Am häufigsten eingesetzt werden Stahl und Holz, daneben auch Marmor und innovative Materialien wie Silestone oder Corian, die allmählich den Markt erobern.

Andererseits hat das Aufkommen moderner Lofts eine neue Art von Küche hervorgebracht, die keinen eigenen Raum beansprucht, sondern sich zu den übrigen Bereichen – üblicherweise zum Wohnzimmer und Essbereich – hin öffnet bzw. ganz nach außen gerichtet ist, um das Tageslicht auszunutzen. In vielen Fällen wurde eine Kochinsel geschaffen, die als visuelle Abtrennung zwischen Küche und den übrigen Bereichen dient, während sich in anderen Wohnungen die Einbindung eines praktischen Küchentresens anbot.

Eines ist klar: viel Platz zu haben, ist einfach unbezahlbar. Doch der Schlüssel einer wirklich schönen Küche liegt in der individuellen Gestaltung – selbstverständlich nachdem zunächst die funktionellen Aspekte berücksichtigt wurden.

La cuisine est une des pièces fondamentales d'une maison. Déjà, dans les toutes premières installations, il y avait un foyer au cœur des constructions. Il servait alors autant à cuire les aliments qu'à chauffer la maison.

Aujourd'hui, au moment de concevoir cet espace, il faut partir de la surface disponible, car c'est elle qui va conditionner le choix et la disposition des différents éléments. C'est pour cette raison que les cuisines présentées dans cet ouvrage sont regroupées en fonction de leurs dimensions et/ou de leur disposition : compactes, petites et moyennes, américaines, cuisines-salles à manger et très grandes cuisines.

Plus la cuisine est vaste, plus il est aisé d'attribuer des fonctions précises à ses différentes zones et de les séparer clairement pour faciliter l'accomplissement des différentes tâches : un plan de travail spacieux pour préparer les aliments, une zone pour les appareils de cuisson, une autre pour l'évier et encore une pour l'électroménager, avec tous les petits accessoires bien organisés. Une cuisine bien conçue fait gagner du temps en rendant le rangement et le nettoyage plus aisés. Il faut prévoir l'implantation des plans de travail et des meubles blancs (réfrigérateur, four, micro-ondes, lave-vaisselle…), qui ont tous une fonction précise et dont l'emplacement va en partie dépendre de celui des prises de courants et des arrivées d'eau, ainsi que de la configuration de la pièce. Plus que le budget disponible, c'est l'empathie avec ses utilisateurs et la prise en compte de leurs habitudes qui font la réussite d'un projet d'installation de cuisine. Concevoir une cuisine bien organisée où rien ne manque constitue un défi des plus intéressants. Une ingéniosité toujours plus grande est déployée face aux difficultés. Les idées pour exploiter le moindre centimètre, convenues ou originales, peuvent complètement changer la vie des habitants d'une maison, qu'il s'agisse de cuisiner en se prenant pour un chef, ou simplement d'y passer un moment de convivialité, que ce soit pour manger, étudier ou discuter.

Dans les kitchenettes, l'idéal est de réunir toutes les fonctions de la pièce dans le plus petit espace possible en réalisant l'agencement le plus pratique. Dans cette configuration, des éléments solides et faciles d'entretien s'imposent. L'acier et le bois sont très appréciés, avec le marbre et des matériaux innovants, comme le quartz ou les résines acryliques, qui font leur apparition dans le commerce.

D'autre part, avec le boom des lofts, on a vu se développer des cuisines d'un nouveau type, qui sortent de leur espace clos pour s'ouvrir sur les autres pièces de vie, que sont le salon et la salle à manger. Il leur arrive aussi d'être tournées vers l'extérieur afin de profiter d'un maximum de lumière et du panorama. Très souvent, la cuisine se mue en un îlot central qui fait également fonction d'élément de séparation entre les différents espaces. Parfois, on préfère ce que l'on appelle la cuisine américaine, qui est ouverte sur le séjour-salle à manger.

De toute évidence, avoir de l'espace est un luxe. Toutefois, ce qui fait d'une belle cuisine une cuisine d'exception c'est l'association du fonctionnel et d'une esthétique en phase avec le style de la décoration intérieure de la maison.

De keuken is een van de onmisbare vertrekken van de woning. Sinds de allereerste constructies is deze ruimte in de woning aanwezig en hetzelfde vuur dat in de keuken werd gebruikt om te koken diende ook om het huis te verwarmen. Bij het ontwerpen van deze ruimte moet rekening gehouden worden met het beschikbare oppervlak, aangezien de keuze voor en de opstelling van de verschillende elementen daarvan afhankelijk zijn. Om die reden presenteert dit boek op praktische en visuele wijze een selectie keukens die, naar gelang hun afmeting en/of inrichting, is ingedeeld in XXS, Medium, Open & View, Eat-in en XXL.

In een ruime keuken kunnen de verschillende functies duidelijk van elkaar worden gescheiden en is er meer werkcomfort: een lange tafel voor het bewerken van het voedsel, een andere zone voor de gootsteen en talrijke combinaties om de huishoudelijke apparaten te plaatsen en keukengerei en toebehoren op te bergen. Een goed ontworpen keuken bespaart tijd en vergemakkelijkt het werk en nadien het opruimen en schoonmaken. Er moet rekening mee worden gehouden dat alle nodige huishoudelijke apparaten, zoals de koelkast, oven werkblad, magnetron en vaatwasser kunnen worden ingepast. Al deze apparaten vervullen een zeer specifieke functie en de plaatsing ervan is vaak afhankelijk van de structuur van de ruimte en de locatie van stopcontacten en watertappunten. Of dat al dan niet succesvol wordt gedaan is in de meeste gevallen eerder een kwestie van scherpzinnigheid dan van het budget. De uitdaging om een keuken te ontwerpen waarin al het nodige aanwezig is en waar orde heerst, is meer dan interessant. De vindingrijkheid wordt verscherpt ten overstaan van moeilijkheden en de ideeën, vele klassiek en vele origineel, om iedere beschikbare centimeter te benutten, kunnen het leven veranderen van eenieder die geniet van de kookkunst of die simpelweg aanwezig is, hetzij om te eten, te studeren of een gesprek aan te knopen.

Daarentegen is het in kleine keukens ideaal om alle functies te integreren in een kleine ruimte en om een zo praktisch mogelijke indeling te verkrijgen. Bestendigheid en eenvoudig onderhoud zijn van fundamenteel belang bij de materiaalkeuze. Het vaakst wordt gekozen voor staal en hout, naast marmer en andere innoverende materialen die op de markt verschijnen zoals Silestone of Corian.

Anderzijds is er met de boom van woningen van het type loft een nieuw model keuken ontstaan. Een afzonderlijke, afgesloten ruimte is daarin niet meer nodig, maar de keuken is geopend naar de overige vertrekken, normaal gesproken de zitkamer, eetkamer, of kijkt rechtstreeks naar buiten, zodat men gebruik kan maken van licht en uitzicht. In veel van deze gevallen is gekozen voor keukens in de vorm van een eiland of schiereiland die bovendien dienst doen als visuele afscheidingen tussen de keuken en de overige ruimtes. In sommige gevallen kan men zelfs kiezen voor een open keuken.

Het beschikken over ruimte is natuurlijk een luxe, maar de truc om een echt mooie keuken te verkrijgen is gelegen in personalisatie, nadat men zeker heeft gesteld dat die ook werkelijk functioneel is.

La cucina è uno degli spazi fondamentali della casa. Sin dalla comparsa delle prime costruzioni, questo ambiente è stato sempre presente e lo stesso fuoco usato per cucinare serviva anche per scaldare la casa. Quando ci si accinge a progettare questo spazio, occorre tenere conto della superficie disponibile dato che da questa dipenderanno la scelta e la disposizione dei vari elementi. A tal fine questo libro presenta in modo pratico e visivo una selezione di cucine distribuite in base a dimensioni e/o disposizione: XXS, Medium, Open & View, Eat-in e XXL.

Un ambiente grande consente di separare le varie funzioni in modo chiaro e lavorare più comodamente: un tavolo lungo per la preparazione degli alimenti, una zona cottura, un'altra in cui sistemare il lavello e molteplici combinazioni per disporre gli elettrodomestici e riporre oggetti e accessori. Una cucina ben progettata consente di risparmiare tempo e facilita il lavoro e le successive operazioni di sparecchiatura e pulizia. Occorre inoltre considerare la necessaria presenza di tutti gli elettrodomestici: frigorifero, forno, piano cottura, microonde e lavastoviglie, solo per citarne alcuni, tutti con una funzione molto specifica e una posizione spesso condizionata dalla conformazione dello spazio, dalle prese di corrente e dalle tubature dell'acqua. Il successo del progetto dipende, la maggior parte delle volte, più dalla perspicacia che dal budget. La sfida di realizzare una cucina con tutto ciò che serve al posto giusto è davvero interessante. Davanti alle difficoltà si aguzza l'ingegno e le idee per sfruttare ogni centimetro disponibile – molte classiche e molte originali – possono arrivare a cambiare la vita di coloro che praticano l'arte della cucina o semplicemente di chi utilizza questo ambiente per mangiare, studiare o stare insieme.

Nelle cucine piccole, la scelta ideale è integrare tutte le funzioni in uno spazio ridotto e ottenere una composizione che sia quanto più pratica possibile. Resistenza e facilità di manutenzione sono premesse basilari nella scelta dei materiali. L'acciaio e il legno sono tra i più comuni, oltre al marmo e ad altri materiali innovativi che compaiono continuamente sul mercato, come il Silestone o il Corian.

D'altra parte, con il boom delle abitazioni tipo loft, è nato un nuovo modello di cucina che non richiede un proprio spazio chiuso ma si apre sul resto degli ambienti - solitamente il salotto e la sala da pranzo - o è direttamente orientata verso l'esterno per godere della luce e del panorama. In molti di questi casi si ricorre a una cucina a forma di isola o penisola che consente, tra l'altro, di creare una separazione visiva tra la cucina e il resto degli spazi. Talvolta si può persino optare per una soluzione di cucina all'americana.

Ovviamente disporre di spazio è un lusso, ma il trucco per avere una cucina davvero bella è la personalizzazione, una volta che la si è resa veramente funzionale.

La cocina es uno de los espacios imprescindibles de la vivienda. Desde la aparición de las primeras construcciones, este ámbito del hogar ha estado siempre presente, y el mismo fuego que se utilizaba para cocinar servía para calentar la casa. A la hora de diseñar este espacio hay que tener en cuenta la superficie disponible, pues de ella dependerá la elección y la disposición de los diferentes elementos. Por este motivo, en este libro se presenta de forma práctica y visual una selección de cocinas distribuidas en función de su tamaño y su tipo: XXS, Medium, Open & View, Eat-in y XXL.

Una estancia amplia permite separar las funciones de forma clara y ofrece mayor comodidad para trabajar: una mesa larga para la preparación de alimentos, una zona de cocción, otra para el fregadero y múltiples combinaciones para disponer los electrodomésticos y guardar el menaje y los accesorios. Una cocina bien diseñada ahorra tiempo, y facilita el trabajo y las posteriores tareas de recogida y limpieza. Hay que tener en cuenta que también debe integrar todos los electrodomésticos necesarios: frigorífico, horno, fogones, microondas, lavaplatos... todos ellos con una función muy específica y una ubicación condicionada por la estructura del espacio y las tomas de corriente y de agua. La mayoría de las veces el éxito depende más de la perspicacia que del presupuesto. Conseguir una cocina ordenada con todo lo necesario es un reto más que interesante. El ingenio se agudiza frente a las dificultades, y las ideas para aprovechar cada centímetro disponible, clásicas u originales, pueden mejorar notablemente la experiencia de todos los que van a disfrutar del arte de cocinar, u ocupan la cocina para comer, estudiar o conversar.

En las cocinas pequeñas, lo fundamental es integrar todas las funciones en el espacio del que se disponga y obtener una composición lo más práctica posible. La resistencia y el fácil mantenimiento son premisas básicas en la elección de los materiales. El acero y la madera son los más habituales, pero también el mármol y otros materiales innovadores que van apareciendo en el mercado, como el Silestone o el Corian.

Por otro lado, con el auge de las viviendas tipo *loft* surgió un nuevo modelo de cocina que no exigía una zona cerrada propia, sino que quedaba abierta al resto de las estancias, normalmente al salón o al comedor, o se orientaba directamente al exterior para beneficiarse de la luz y de las vistas. En muchos casos, se recurrió a la cocina con isla o península, elemento que actúa además de separador visual entre la cocina y las demás estancias de la vivienda, o incluso se puede recurrir a una cocina americana.

Disponer de espacio es un lujo pero el truco para conseguir una cocina bonita es darle personalidad tras haberse asegurado de que es verdaderamente funcional.

XXS /
CUISINES COMPACTES

The small size of modern houses has led to compact kitchens, which combine clever designs with maximum functionality. This is often the case in town apartments, which are typically more limited in space.

Nowadays, ovens, and particularly microwave ovens, are compact; glass-ceramic cooktops fit the worktop snugly and fridges can be ordered to blend in with doors and cabinets. Even the units, which are completely separate, can be kept behind double doors, closed off from the rest of the dining area. When the cabinets are not big enough to hold all the crockery or you do not want to overload the walls with large cabinets, shelves are required: small shelves and rails with hooks to help you keep your work surfaces tidy and uncluttered.

Compact or modular units are another good option. We shall now offer a number of proposals that are ideal for limited spaces in which life is played out in a single room inside the apartment or there is simply not enough space in the area reserved for the kitchen. There are some unusual ideas which in turn produce practical kitchens occupying just over 10 square feet when closed. In addition, they are perfect for those cases in which there is no room specifically reserved for the kitchen as they can double up as a dining-room table when closed. Other options are those modular multipurpose systems that include an induction cooktop, a refrigerator and an ever useful space for storing crockery and utensils. Everything must be readily at hand.

Dans les petits logements, le moindre mètre carré est précieux. En zone urbaine où l'espace est souvent restreint, l'intelligence de la conception des mini-cuisines, qui maximise leur fonctionnalité, prend tout son sens.

Aujourd'hui, les fours, en particulier à micro-ondes, sont peu encombrants ; les plaques vitrocéramiques s'intègrent parfaitement aux surfaces de travail et les réfrigérateurs se dissimulent derrière la double porte d'un placard. Même les unités monoblocs, entièrement indépendantes, peuvent disparaître derrière une double porte qui les sépare de l'espace repas. Si les rangements prévus sont insuffisants, ou si l'on préfère éviter de surcharger les murs d'éléments hauts, on optera pour des étagères, de petites consoles et des barres supports auxquelles suspendre les petits ustensiles et dégager la surface de travail.

Les unités tout-en-un modulaires offrent une excellente option. Vous découvrirez dans les pages qui suivent une série de propositions idéales pour les espaces restreints où tout doit tenir dans une seule pièce ou pour des coins cuisine trop exigus pour tout contenir. L'ingéniosité n'a pas de limite. Elle permet d'imaginer des cuisines pratiques qui, une fois refermées, tiennent dans un mètre carré. Elles sont parfaites pour les studios sans kitchenette puisqu'une fois rangées, elles se muent en table de salle à manger. Il existe aussi des unités modulaires polyvalentes qui comprennent une plaque à induction, un réfrigérateur et un rangement pour les ustensiles et la vaisselle. Tout ce qui est indispensable est à portée de main.

Die begrenzte Fläche der Wohnungen von heute hat dazu geführt, dass kompakt gestaltete Küchen intelligentes Design und größtmögliche Funktionalität vereinen. Dies ist insbesondere in Stadtwohnungen der Fall, in denen meiste wenig Platz zur Verfügung steht.

Mittlerweile sind Backöfen und Mikrowellenherde kompakt gebaut, Glaskeramikkochfelder passen sich hervorragend in die Arbeitsplatte ein, Kühlschränke können hinter Schranktüren versteckt werden und auch vollständig unabhängige Module verschwinden hinter Doppeltüren, um vom Essbereich aus nicht sichtbar zu sein. Wenn der Stauraum in den Schränken nicht für die Aufbewahrung aller Küchenutensilien ausreicht oder die Wände nicht mit vielen Oberschränken überladen werden sollen, können Regalbretter, kleine Konsolen und Hakenleisten angebracht werden, die beim Ordnung halten behilflich sind.

Kompakte Küchenmodule sind ebenfalls eine praktische Lösung. Die im Folgenden vorgestellten Ideen bieten sich für kleine Wohnungen an, in denen sämtliche Bereiche in einem einzigen Raum vereint sind, oder für Küchen, in denen nicht genügend Platz zur Verfügung steht. Außerdem gibt es ganz besondere Platz sparende Einrichtungsideen, die als praktische Küche dienen und in geschlossenem Zustand nur wenige Quadratmeter in Anspruch nehmen. Da sie bei Nichtbenutzung einfach geschlossen oder weggeklappt werden und sich in einen Esstisch verwandeln, sind diese Module einfach ideal für alle Fälle, in denen die Küche nicht in einem eigenen Raum untergebracht ist. Auch multifunktionale Küchenelemente, die ein Induktionskochfeld, einen Kühlschrank und nützlichen Stauraum für Küchenutensilien und Geschirr umfassen, sind innovative Lösungen – alles Notwendige ist auf kleinstem Raum verfügbar.

Vanwege het schaarse oppervlak van de hedendaagse woning gaat in compacte keukens intelligent ontwerp hand in hand met maximale functionaliteit. Dit is vaak het geval in stadsappartementen, die zich kenmerken doordat er minder ruimte beschikbaar is.

Tegenwoordig zijn ovens, en met name magnetrons, compact, passen glaskeramiek kookplaten perfect in de werkoppervlakken en kan men koelkasten bestellen die combineren met deuren en kasten. Zelfs helemaal losstaande modules kunnen achter dubbele deuren worden verborgen, afgesloten van de rest van de eetkamer. Als de inhoud van de kasten niet voldoende is om alle huishoudelijke artikelen in op te bergen of als men de muren niet overvol wil maken met hoge kasten, dan is het een idee om gebruik te maken van planken, kleine richels, of stangen met haken, zodat de werkbladen opgeruimd blijven.

Compacte of modulaire eenheden zijn een andere goede optie. Hierna worden een aantal ideale voorstellen aan de hand gedaan voor ruimtes met weinig vierkante meter, zoals eenkamerappartementen of voor als er onvoldoende plaats is in de keuken. Er worden bijzondere ideeën geopperd die resulteren in praktische keukens, die slechts enkele vierkante meter in beslag nemen als ze gesloten zijn. Ze zijn bovendien ideaal als men niet beschikt over een afzonderlijke keuken, omdat ze kunnen worden gesloten en worden omgebouwd tot eettafel. Andere keuzes zijn multifunctionele modulaire systemen waarin is voorzien in een inductiekookplaat, een koelkast en een bruikbare ruimte voor het opbergen van keukengerei en serviesgoed. Al het nodige moet binnen handbereik liggen.

Gli scarsi metri quadrati delle abitazioni attuali hanno fatto sì che le cucine compatte riuniscano una progettazione intelligente con la massima funzionalità. Ciò accade spesso negli appartamenti urbani, caratterizzati da maggiori limiti di spazio. Attualmente i forni, soprattutto quelli a microonde, sono compatti; le piastre in vetroceramica si adattano perfettamente alle superfici di lavoro e i frigoriferi possono essere combinati con sportelli e pensili. Persino i moduli, totalmente indipendenti, possono essere inseriti dietro doppi sportelli, chiusi rispetto al resto della zona della sala da pranzo. Quando la capacità dei pensili non è sufficiente per riporre tutti gli oggetti di cucina o non si vuole sovraccaricare le pareti con alte armadiature, si impone l'uso di ripiani, piccole mensole e barre dotate di ganci che consentono di mantenere l'ordine sui ripiani.
Le unità compatte o modulari rappresentano un'altra buona opzione. Nelle pagine seguenti vengono presentate alcune proposte ideali per gli spazi di pochi metri in cui i vari ambienti della casa sono coniugati in un unico luogo o semplicemente non si dispone di spazio sufficiente nella zona adibita a cucina. Vi sono idee originali e pratiche allo stesso tempo per creare cucine che, una volta chiuse, occupano un solo metro quadrato. Si tratta di soluzioni ideali nei casi in cui non si disponga di una stanza da dedicare interamente alla cucina, dato che una volta chiuse possono trasformarsi in tavolo da pranzo. Altre opzioni sono i sistemi modulari multifunzione che comprendono una piastra a induzione, un frigorifero e lo spazio – sempre utile – per riporre utensili e stoviglie. Tutto ciò che è indispensabile deve trovarsi a portata di mano.

Los escasos metros cuadrados de la vivienda actual han hecho que las cocinas compactas aúnen el diseño inteligente con la máxima funcionalidad. Esto se da con frecuencia en los apartamentos urbanos, caracterizados por tener más limitaciones de espacio.
Las unidades compactas o modulares son una buena opción en estos casos. En la actualidad, los hornos, en especial los microondas, son compactos; las placas vitrocerámicas se ajustan a la perfección a las superficies de trabajo y los frigoríficos pueden encargarse de manera que combinen con las puertas y los armarios. Incluso los módulos, totalmente independientes, pueden guardarse detrás de puertas dobles y ocultarse a la zona del comedor. Cuando la capacidad de los armarios no es suficiente para albergar todo el menaje o no se quiere sobrecargar las paredes con armarios altos, se impone el uso de estantes, pequeñas repisas y barras con ganchos, que ayudan a mantener el orden sobre las encimeras.
A continuación, se presentan una serie de propuestas para viviendas con pocos metros en las que no se dispone de suficiente espacio para la cocina o en las que las estancias se organizan en una sola habitación. Existen ideas peculiares con las que se consigue crear cocinas prácticas que ocupan tan sólo un metro cuadrado cuando están cerradas. Además, son perfectas para los casos en que no se dispone de una estancia destinada a la cocina, ya que cuando se cierran pueden convertirse en una mesa de comedor. Otras opciones son los sistemas modulares multifuncionales, que incluyen una placade inducción, una nevera y el siempre útil espacio para el almacenamiento de utensilios y vajilla. Todo lo indispensable debe estar al alcance de la mano.

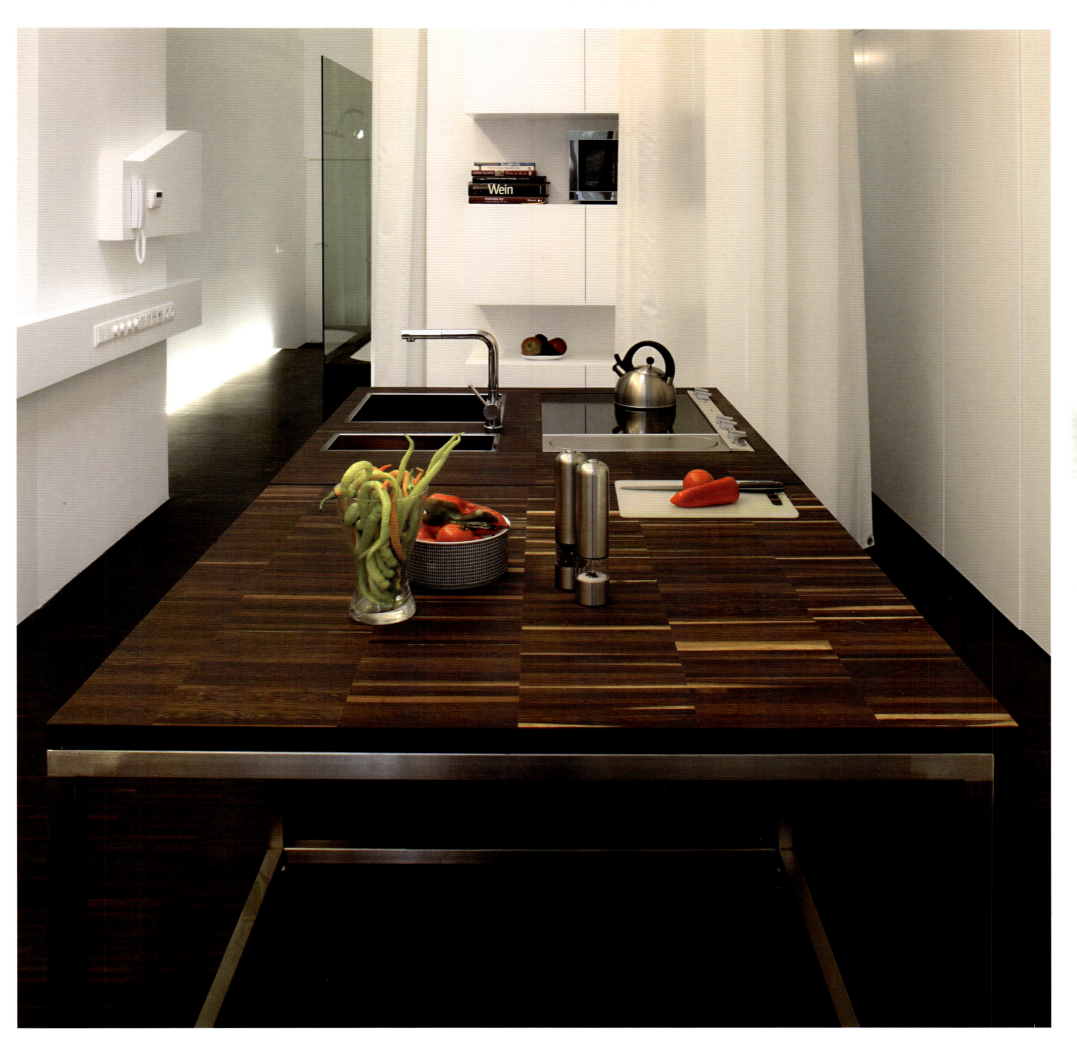

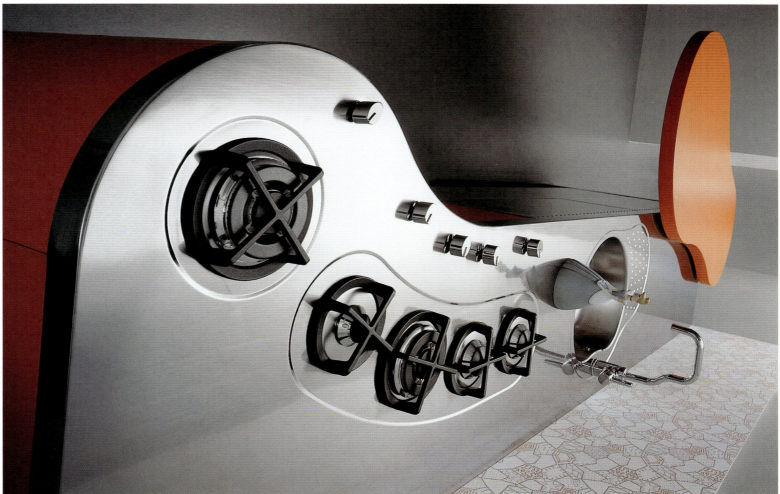

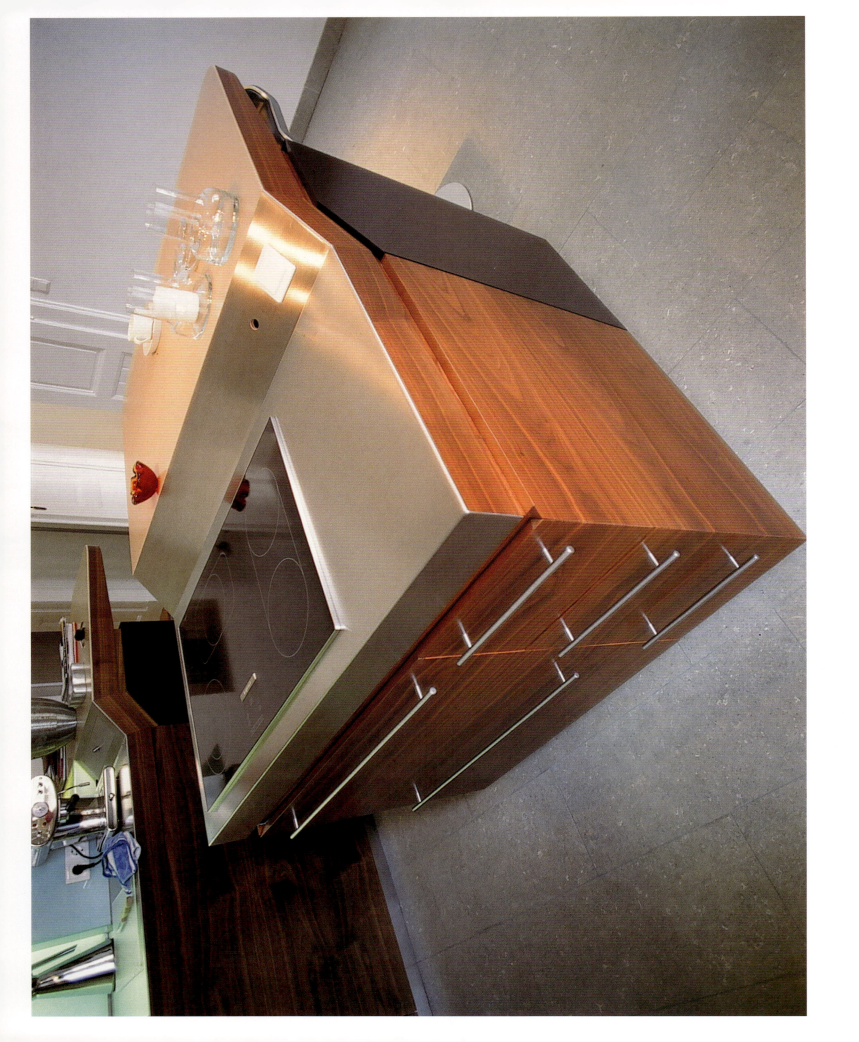

TIPS / ASTUCES

© Nicolaus Brade

Go for separate units, such as this kitchen, which takes on a three-dimensional nature when the table, chairs and light are pulled out.

Kies voor onafhankelijke modules, zoals deze keuken die een driedimensionaal karakter krijgt door het naar buiten trekken van de tafel, de stoelen en de lamp.

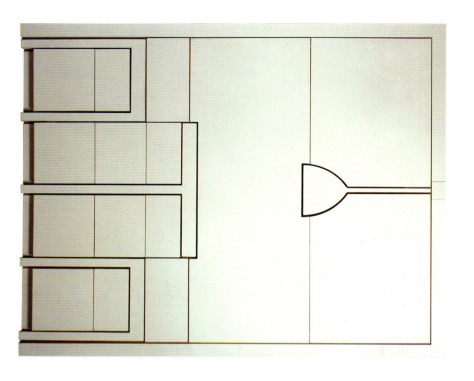

Wählen Sie unabhängige Module wie in dieser Küche: so entsteht durch Ausziehen von Tisch, Stühlen und Lampe ein dreidimensionales Element.

Opta per moduli indipendenti come questa cucina, che acquisisce un carattere tridimensionale quando vengono estratti tavolo, sedie e lume.

Choisissez des modules indépendants, comme ceux de cette cuisine qui prend tout son volume quand on tire la table, les chaises et la lampe vers l'extérieur.

Opta por módulos independientes, como esta cocina, que adquiere un carácter tridimensional al estirar la mesa, las sillas y la lámpara hacia fuera.

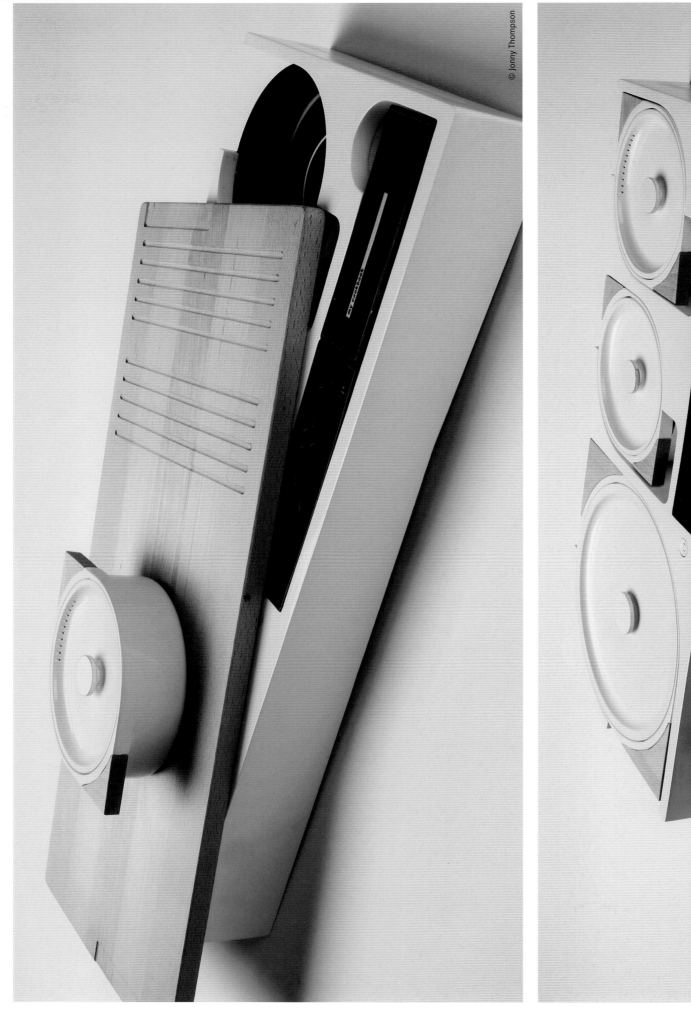

© Jonny Thompson

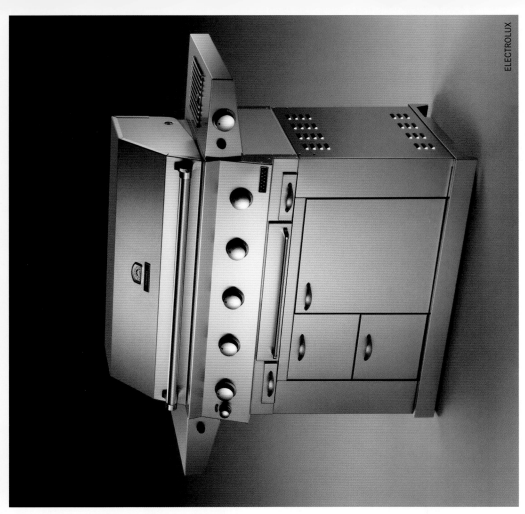

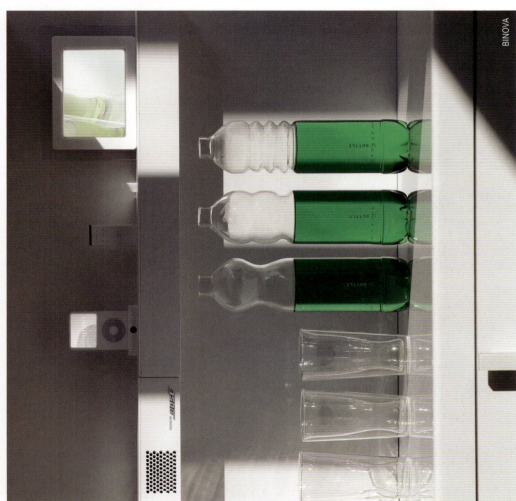

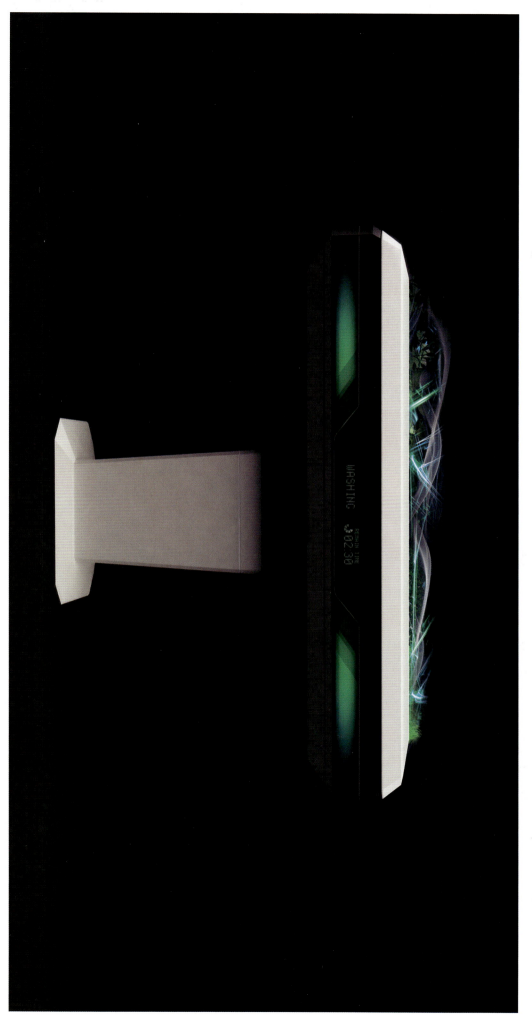

HÄCKER KÜCHEN

There are now a great number of knife racks, spice racks, cutlery, crockery and saucepan holders, or removable dispensers on the market.

Heutzutage sind auf dem Markt unzählige Messerblöcke, Gewürzregale, Besteckkästen, Teller- und Topfdeckelhalter, Aufbewahrungssysteme für Kochgeschirr und ausziehbare Regale und Schränke erhältlich.

Il existe d'innombrables accessoires pour tout ranger : couteaux, épices, couverts, assiettes, couvercles, casseroles ainsi que des meubles à étagères coulissantes.

Attualmente sul mercato si trovano numerosi tipi di portacoltelli, portaspezie, portaposate, portapiatti, portacoperchi, cestelli o dispense estraibili.

Actualmente es posible encontrar en el mercado numerosos cuchilleros, especieros, cuberteros, portaplatos, portatapas, caceroleros o despensas extraíbles.

Tegenwoordig is het mogelijk om talloze messenblokken, kruidenrekjes, bestekbakken, bordenhouders, dekselhouders, pannenrekken of uittrekbare voorraadkasten te vinden.

The items offered by the various brands provide for a wide range of functions and have a large number of organizers for cabinets and drawers.

Das Angebot der verschiedenen Hersteller umfasst eine breite Palette an Funktionen und Organisationslösungen für Schränke und Schubladen.

Les différentes marques rivalisent d'imagination pour proposer des systèmes toujours plus malins pour ranger et organiser placards et tiroirs sans perdre d'espace.

Le proposte dei vari marchi offrono un'immensa varietà di funzioni e di elementi per organizzare armadi e cassetti.

Las propuestas que ofrecen las distintas marcas contemplan una inmensa variedad de funciones y brindan numerosos organizadores de armarios y cajones.

De door de verschillende merken aangeboden mogelijkheden omvatten een enorme hoeveelheid verschillende functies en bieden talrijke opbergsystemen voor kasten en laden.

CESAR

CESAR

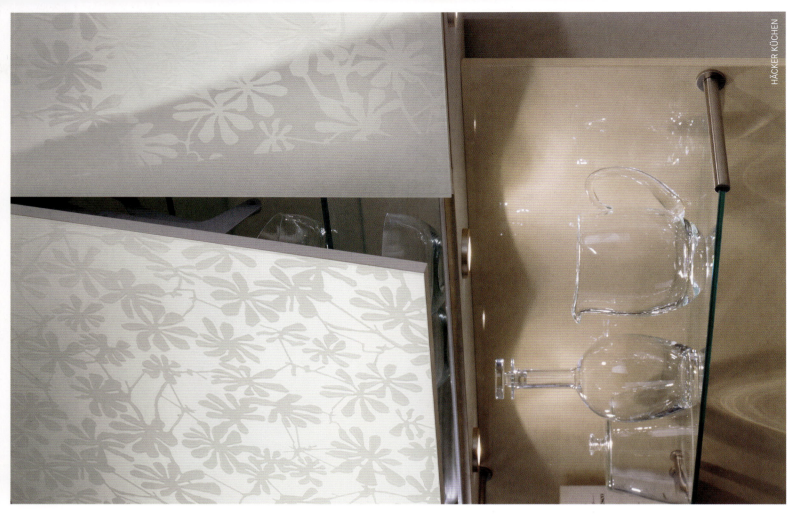

Choose a functional spice rack that doesn't take up much space. They can be mounted on the wall, or as mini-shelves, in drawers with dividers, or even with jars that can be fixed ad hoc to the wall.

Kies een functioneel kruidenrek dat zo min mogelijk ruimte in beslag neemt. Er zijn kruidenrekken voor aan de muur, minirekjes en in vakken verdeelde laden of zelfs speciaal daarvoor aangepaste potjes aan de wand.

Wählen Sie eine praktische Gewürzaufbewahrung, die möglichst wenig Platz in Anspruch nimmt – entweder zur Wandaufhängung, als Mini-Regal, in Form einer Gewürzschublade mit Trennfächern oder einfach an der Wand zu befestigende Gewürzgläser.

Scegli un portaspezie funzionale, che occupi il minimo spazio. Ne esistono da parete, su mini-mensole, in cassetti separatori o persino con contenitori applicabili su un'apposita superficie.

Choisissez un porte-épices qui prend un minimum d'espace, peut-être à fixer au mur ou des mini-tiroirs, à moins que vous ne préfériez des petits bocaux à glisser dans des niches murales prévues à cet effet.

Escoge un especiero funcional que ocupe el mínimo espacio. Los hay de pared, en miniestantes, en cajones separadores o incluso con tarros ajustables en una pared ad hoc.

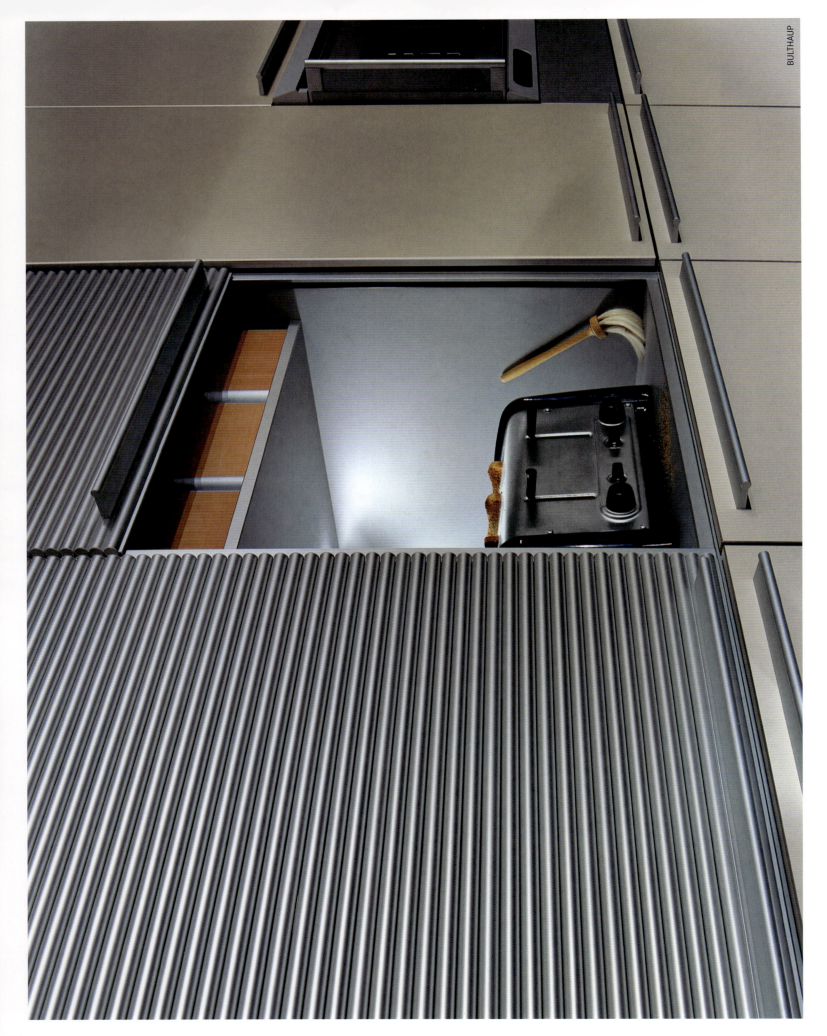

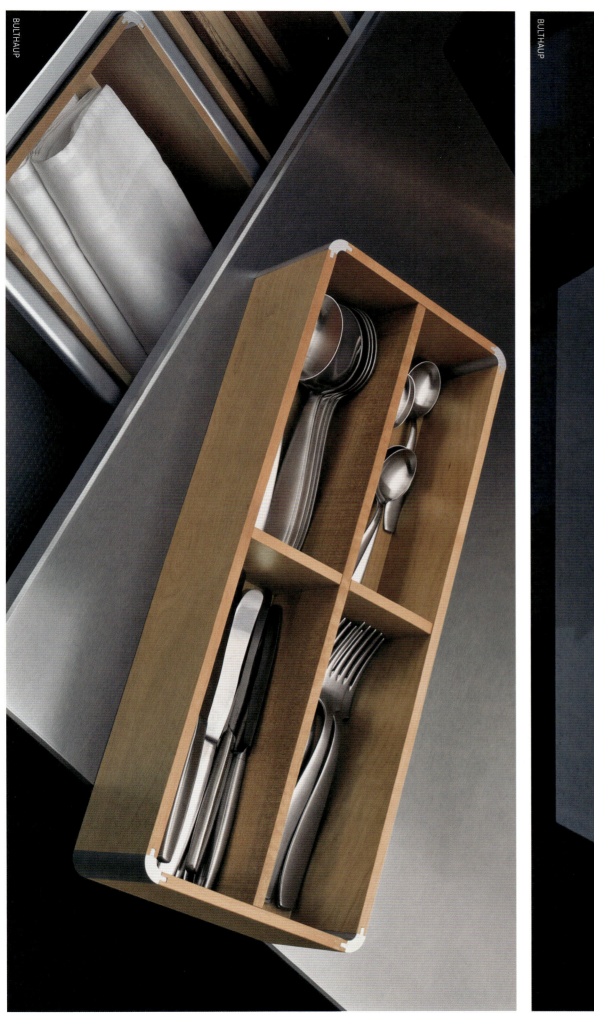

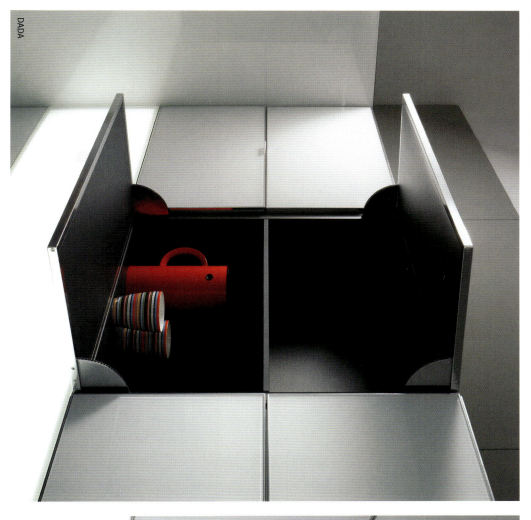

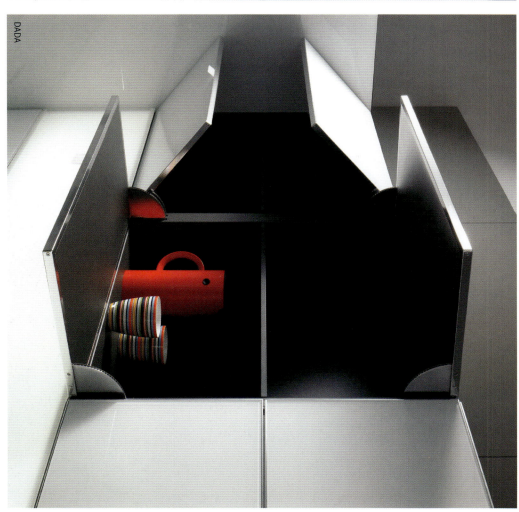

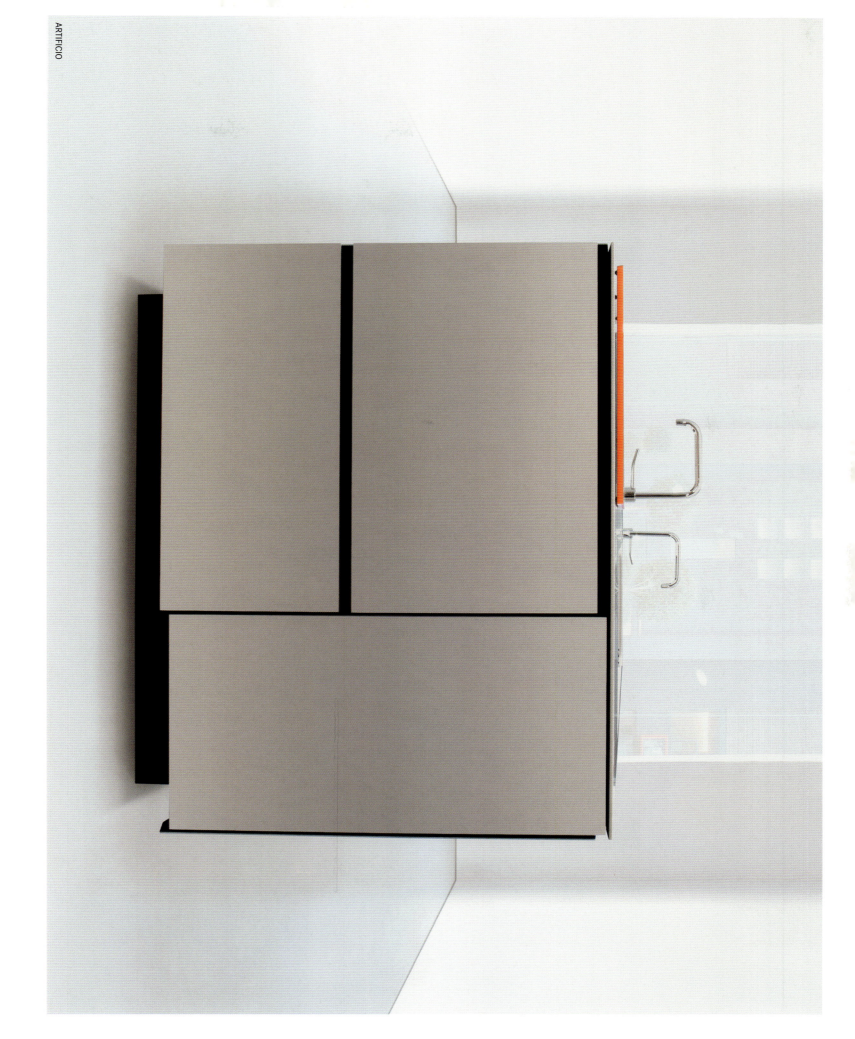

In corner units, it is often difficult to get to objects stored inside. Lazy susans and systems with removable shelves are a good solution.

Eckmöbel erschweren den Zugriff auf die aufbewahrten Gegenstände. In diesem Falle sind Drehregale und Systeme mit ausziehbaren Regalböden eine praktische Lösung.

Nei mobili d'angolo è scomodo raggiungere gli oggetti. I ripiani con sistema di rotazione e i sistemi estraibili rappresentano una buona soluzione.

Bij hoekmeubels is het onhandig om bij de opgeborgen voorwerpen te komen. Draaiplateaus en uittrekbare planksystemen zijn een goede oplossing.

Dans les meubles d'angle, l'accès aux objets rangés dans les coins n'est pas toujours facile. Les paniers rotatifs et les étagères coulissantes sont d'excellentes solutions.

En los muebles esquineros, acceder a los objetos guardados resulta incómodo. Los estantes rotatorios y los sistemas de baldas extraíbles son una buena solución.

CC–CONCEPTS

Circular kitchens are one way to solve the problem. These can be rotated 180° with accessories and sink incorporated.

Een goede oplossing zijn cirkelvormige fornuizen, die 180° rond kunnen draaien, met ingebouwde accessoires en spoelbak.

Eine gute Lösung sind runde Küchenelemente, die sich um 180° drehen lassen und mit Zubehör sowie einem integrierten Spülbecken aufwarten.

Una buona soluzione è costituita dalle cucine circolari, che consentono una rotazione di 180° con accessori e lavello integrati.

Les cuisines circulaires, autour desquelles on tourne pour accéder à l'évier et autres éléments, sont une solution aussi innovante que pratique.

Una buena solución son las cocinas circulares, que permiten una rotación de 180°, con accesorios y pileta incorporados.

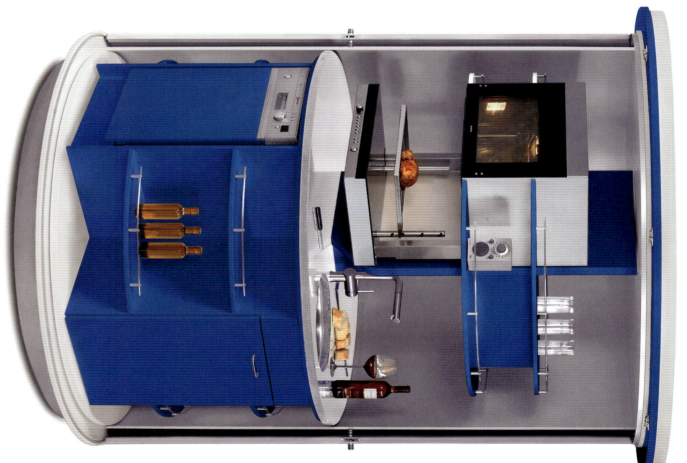

ZANOTTA

The custom furniture means that a space can be used to its full potential. The interplay of volumes and material will make the space more stylish.

Met op maat gemaakte meubels kan het gehele beschikbare vermogen van een ruimte worden benut. Het spelen met volumes en materialen voorziet de ruimte van stijl.

Mithilfe maßgefertigter Möbel lässt sich das Potenzial eines Raumes vollständig nutzen. Das Zusammenspiel verschiedener Volumina und Materialien verleiht der Küche einen eigenen Stil.

I mobili su misura consentono di sfruttare tutte le potenzialità di uno spazio. Il gioco di volumi e materiali trasmetterà stile all'ambiente.

Les meubles sur mesure permettent de profiter pleinement de tout l'espace disponible. Le jeu des volumes et des matériaux crée ici un style propre à cet espace.

Los muebles a medida permiten el aprovechamiento de todo el potencial de un espacio. El juego de volúmenes y materiales le aportará estilo.

77

Apart from the classic designs of extractor hoods, there are other models that go unnoticed, because they just look like another of the kitchen's decorative items.

Afgezien van de klassieke afzuigkapontwerpen zijn er andere modellen die onopgemerkt blijven, maar in een extra decoratief element van de keuken veranderen.

Neben den klassischen Dunstabzugshauben sind auch andere Modelle erhältlich, die sich als ansprechendes Dekoelement unauffällig in die Küche einpassen.

Oltre ai classici modelli di cappe aspiranti, esistono altri modelli che passano inosservati, trasformandosi in un elemento decorativo aggiuntivo in cucina.

Il existe, à côté des hottes traditionnelles, des modèles qui passent inaperçus ou, mieux encore, apportent un élément décoratif de plus à la cuisine.

Aparte de los clásicos diseños de campanas extractoras, existen otros modelos que pasan inadvertidos, pues se convierten en un elemento decorativo más de la cocina.

ELICA

ELICA

PANDO

ELICA

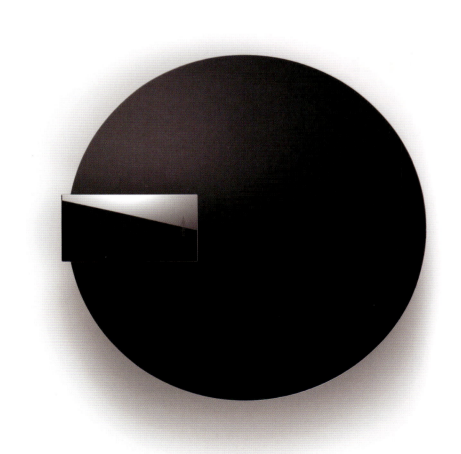

ERNESTO MEDA

ELICA

Kitchens in which the burners are sunk into a worktop away from the wall should have hoods suspended from the ceiling.

Keukens waar het fornuis zich op een van de wand gescheiden werkblad bevindt moeten worden voorzien van hangende afzuigkappen.

In Küchen, in denen sich der Herd nicht direkt an der Wand befindet, muss eine von der Decke hängende Dunstabzugshaube für Kochinseln verwendet werden.

Le cucine in cui i fuochi si trovano su un ripiano lontano dalla parete devono disporre di cappe sospese.

Les cuisines avec plaques de cuisson sur l'îlot central, éloignées de tout mur, sont équipées de hottes suspendues au-dessus.

Las cocinas en las que los fogones están en una encimera aislada de la pared han de llevar campanas suspendidas.

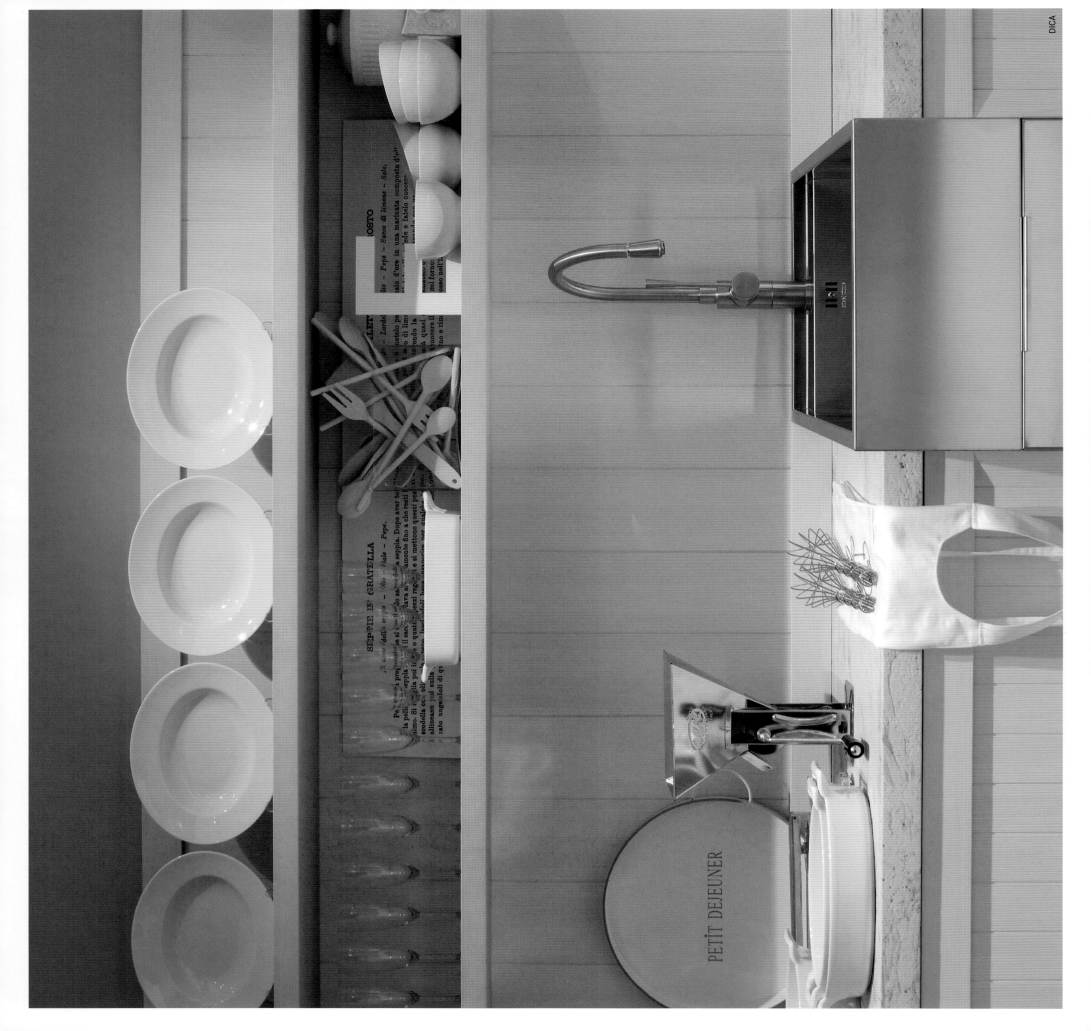

There are many ways to create storage space without detracting from the look of the room. A set of boxes enables frying pans, pots and pans to be tidied away.

Es gibt zahlreiche Möglichkeiten, um Stauraum zu schaffen, ohne die Ästhetik zu beeinträchtigen. Ein Kistensystem erleichtert die Aufbewahrung von Pfannen und Töpfen.

Er zijn vele manieren om ruimten te creëren die niet alleen voor het opbergen dienen maar ook mooi zijn. Dankzij een dozensysteem kunnen pannen worden opgeborgen.

Vi sono molti modi di creare spazi per il contenimento che consentono di non rinunciare all'estetica. Un sistema di scatole consente di conservare padelle, pentole e casseruole.

Il y a mille et une manières de créer des espaces de rangement sans défigurer une cuisine. Un système de tiroirs permet de ranger les poêles, faitouts et casseroles.

Existen múltiples formas de crear espacios para el almacenaje que no están reñidas con la estética. Un sistema de cajas permite almacenar las sartenes, ollas y cacerolas.

Apart from bottle racks, it is becoming more and more common to find small wine and champagne cabinets, and even refrigerators that have a special compartment.

Naast flessenrekken is het steeds gebruikelijker om in kleine keukens wijnklimaatkasten te vinden en zelfs koelkasten die daarvoor een eigen ruimte hebben gereserveerd.

Neben herkömmlichen Flaschenregalen finden in vielen Küchen mittlerweile kleine Wein- und Sektklimaschränke und sogar Kühlschränke mit einem speziellen Weinklimafach Platz.

Oltre ai portabottiglie, è sempre più comune trovare nelle cucine dei piccoli contenitori in cui conservare vino e spumante, e persino frigoriferi dotati di spazio dedicato a queste bevande.

Au côté des porte-bouteilles traditionnels, il est de plus en plus courant de voir une cave à vin électrique ou des réfrigérateurs avec un espace spécialement conçu pour la conservation des vins.

Además de los botelleros, cada vez es más habitual encontrar en las cocinas pequeños conservadores de vino y cava, e incluso neveras que incorporan un espacio propio.

SIEMATIC

VINÇON

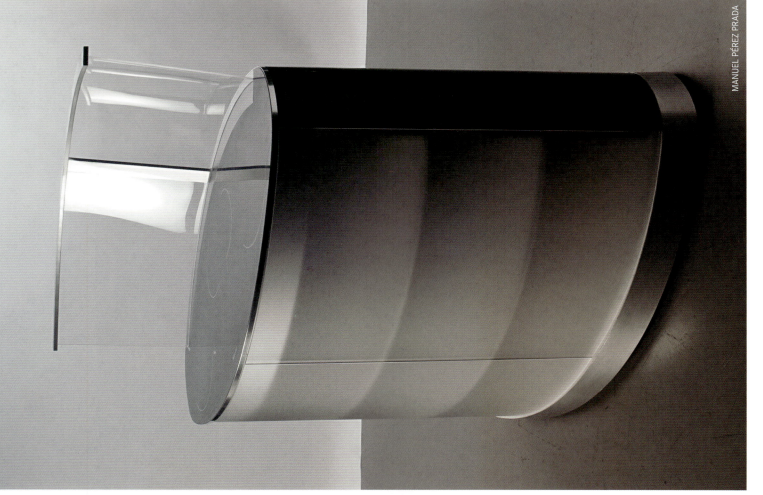

MANUEL PÉREZ PRADA

HÄCKER KÜCHEN

The Arcus concept enables the cooking temperature to be regulated merely by turning the frying pan round. It also incorporates an adjustable glass screen.

Met het Arcus-fornuis kan de kooktemperatuur worden geregeld door enkel de koekenpan te draaien. Ook is het uitgerust met een verstelbaar glasscherm.

Das Küchenkonzept Arcus ermöglicht eine einzigartige Regulierung der Gartemperatur durch Drehen der Pfanne und ist mit einer verstellbaren Glasabtrennung ausgestattet.

Il concetto di cucina Arcus consente di regolare la temperatura di cottura girando semplicemente la padella. Questo sistema dispone inoltre di un divisorio regolabile di vetro.

Les plaques de cuisson d'avant-garde Arcus sont munies de capteurs qui permettent de réguler la température de cuisson, simplement en tournant la poêle. Leur forme innovante est de la plus pure élégance. L'écran orientable en verre trempé évite les projections.

El concepto de cocina Arcus permite regular la temperatura de cocción con sólo girar la sartén. También incorpora una mampara regulable de vidrio.

MEDIUM / CUISINES PETITES ET MOYENNES

Kitchens of a medium size are most usual. The distribution of utensils, cabinets and equipment will depend on the configuration of the space and owners' individual needs. Manufacturers offer an infinite variety of colors and finishes for work surfaces and storage space. Sinks come in ceramic and stainless steel, and even major appliances, such as refrigerators or dishwashers, have become designer items giving standard kitchens a more personalized look. Faucets are now stylish and decorative items. The flooring should be robust, non-slip and easy to clean. Stone floors and ceramic tiling are ideal. If you prefer wood, you should make sure that it is solid. Nor should you forget to protect the area around the sink with another floor covering. For instance, do not rule out the possibility of using traditional linoleum. Modern designs and colors make it a stylish, economical alternative.
In terms of suppliers of standard units, there are measurements in the kitchen sector that are respected all over the world. It is extremely important that the creation and assembly of units is carried out properly because they are considered to form the backbone of the kitchen. It should be remembered that a faulty installation can cause problems in the short and medium term in the kitchen's life cycle if the units are uneven or there is a problem with damp.

Les cuisines de dimensions moyennes restent cependant les plus courantes. Leur agencement et l'emplacement des rangements et de l'électroménager dépendent de la configuration de l'espace et des modes de vie de chacun. Les fabricants déclinent une multitude de couleurs et de finitions pour les plans de travail et les éléments. On peut choisir son évier, en céramique, en acier inoxydable ou en résine selon l'esthétique recherchée. Même le gros électroménager, réfrigérateurs et lave-vaisselle, est devenu un ensemble d'objets design qui participent à la décoration de la cuisine. Les robinets contemporains rivalisent d'élégance. Les revêtements de sols doivent être résistants, antidérapants et faciles d'entretien. Les carrelages en céramique ou pierre sont parfaits. Mais on a le droit de préférer un parquet. Il vaut mieux alors prendre du bois massif et prévoir un revêtement imperméable pour protéger la zone autour de l'évier, par exemple le traditionnel linoléum. Les linos se déclinent dans une large palette de couleurs et de motifs qui en font une option chic et peu onéreuse.
Certaines dimensions standards forment une norme internationale adoptée par tous les fabricants et cuisinistes. Il est crucial que la création et l'assemblage des modules soient soignés car ils forment le squelette de la cuisine. Une installation mal conçue se traduit immanquablement par des problèmes à court ou moyen terme, qu'il s'agisse de jeu entre les éléments ou d'infiltrations.

Mittelgroße Küchen sind am meisten verbreitet. Die Anordnung der einzelnen Geräte, Utensilien und Schränke ist abhängig von der jeweiligen Raumaufteilung und den Bedürfnissen der Benutzer. Die Hersteller bieten eine unglaubliche Auswahl an Farben und Ausführungen für Arbeitsplatten und Schranktüren an, Spülbecken werden aus Keramik oder Edelstahl gefertigt. Sogar die großen Haushaltgeräte wie Kühlschrank und Geschirrspüler haben sich zu Designelementen entwickelt, die aus einer Standardküche einen Raum mit eigenem Charakter machen. Die Armaturen von heute sind elegant und dekorativ. Bodenbeläge sollten strapazierfähig, rutschfest und einfach zu reinigen sein, wie es bei Steinböden und Keramikfliesen der Fall ist. Entscheidet man sich für einen Holzboden, ist darauf zu achten, dass Massivholz verbaut wird. Auch ein traditioneller Belag aus Linoleum, das in zahlreichen Designs und Farben erhältlich ist, stellt eine elegante und gleichzeitig preisgünstige Alternative dar.
Heute fertigen Küchenhersteller Möbel mit internationalen Standardmaßen an. Es ist besonders darauf zu achten, dass Aufbau und Montage der einzelnen Module ordnungsgemäß ausgeführt werden, da diese das Grundgerüst der Küche bilden. Außerdem ist zu berücksichtigen, dass ein schlecht ausgeführter Aufbau kurz- und mittelfristig zu Problemen führen und die Lebensdauer der Küche verkürzt, da Höhenunterschiede auftreten können und möglicherweise Feuchtigkeit in die Möbel eindringt.

Middelgrote keukens komen het meeste voor. De manier waarop huisraad, kasten en apparaten zijn geplaatst is afhankelijk van de configuratie van de ruimte en de behoeftes van eenieder. Fabrikanten bieden een oneindige keur aan kleuren en afwerkingen voor werk- en opbergoppervlakken. Gootstenen zijn gemaakt van keramiek of roestvrij staal en zelfs de grote huishoudelijke apparaten, zoals koelkasten of afwasmachines, zijn veranderd in design-elementen waarmee standaardkeukens kunnen veranderen in een ruimte met een persoonlijke stijl. Kranen zijn tegenwoordig elegant en decoratief. De vloeren moeten robuust, slipvrij en eenvoudig schoon te maken zijn. Stenen vloeren of vloeren met keramiektegels zijn ideaal. Indien de keuze op hout valt, moet erop gelet worden dat het massief hout betreft. Evenmin mag men vergeten om de zone rond de gootsteen te beschermen met bekleding voor vloeren. Traditioneel linoleum hoeft bijvoorbeeld niet van de hand te worden verwezen. De moderne ontwerpen en kleuren maken dat tot een elegant en goedkoop alternatief. Wat betreft de levering van standaardmaten van modules, bestaan er in de wereld van de keuken enkele afmetingen die internationaal worden aangehouden. Het is heel belangrijk dat de creatie en montage van de modules goed gebeuren, aangezien de modules worden beschouwd als het skelet van de keuken. Houd er rekening mee dat een onjuiste installatie op korte en middellange termijn problemen kan veroorzaken, doordat er ongelijkheden en vocht kunnen ontstaan.

Le cucine di dimensioni medie generalmente sono le più comuni. Il modo di distribuire utensili, pensili e accessori dipenderà dalla configurazione dello spazio e dalle necessità di ciascuno. Le aziende produttrici offrono un'infinita varietà di colori e finiture per le superfici di lavoro e di contenimento. I lavelli sono disponibili in ceramica e acciaio inossidabile; persino i grandi elettrodomestici come frigoriferi o lavastoviglie si sono convertiti in elementi di design per trasformare una normale cucina in uno spazio con uno stile più personalizzato. Le rubinetterie adesso sono eleganti e hanno un ruolo decorativo. I pavimenti devono essere resistenti, antiscivolo e facili da pulire. I pavimenti in pietra e piastrelle di ceramica rappresentano la soluzione ideale. Se si opta per il legno, sarà necessario accertarsi che sia massello. È poi importante ricordare di proteggere la zona intorno al lavello con un altro rivestimento per il pavimento. Una soluzione da non scartare potrebbe essere il tradizionale linoleum. L'ampia scelta di tipologie e colori ne fanno un'alternativa elegante e poco costosa.

Per quanto riguarda le aziende produttrici di moduli, nel mondo delle cucine esistono delle misure adottate universalmente. È fondamentale che la creazione e l'assemblaggio dei moduli avvengano in modo corretto poiché queste due fasi consentiranno di costruire lo scheletro della cucina. Occorre considerare che un'installazione sbagliata può causare problemi a breve e medio termine nel ciclo di vita della cucina, come la presenza di disilivelli e umidità.

Las cocinas de tamaño medio suelen ser las más habituales. La forma de la distribución de los enseres, los armarios y el equipamiento dependerá de la configuración del espacio y de las necesidades de cada uno. Los fabricantes ofrecen una infinita variedad de colores y acabados para las encimeras y el almacenamiento. Los fregaderos se presentan en cerámica y acero inoxidable, e incluso los grandes electrodomésticos, como las neveras o los lavavajillas, se han convertido en elementos de diseño para hacer de las cocinas estándar un espacio con un estilo más personal. Los grifos son ahora elegantes y decorativos. Los revestimientos para suelos deben ser resistentes, antideslizantes y fáciles de limpiar. Los suelos de piedra y las baldosas de cerámica son ideales. Si se opta por la madera, hay que asegurarse de que sea de tipo macizo. Tampoco hay que olvidar proteger la zona de alrededor del fregadero con otro revestimiento para suelo. No se debe descartar, por ejemplo, recurrir al tradicional linóleo. Los modernos diseños y colores lo convierten en una alternativa elegante y económica.

A pesar de que en el mundo de la cocina existen unas medidas que se respetan a escala internacional, es fundamental que el diseño y el ensamblaje de los módulos estén bien realizados porque son el esqueleto de la cocina. Hay que tener en cuenta que una instalación inadecuada puede generar problemas a corto y medio plazo durante la vida útil de la cocina, y se puede dar el caso de que se produzcan desniveles o aparezcan humedades.

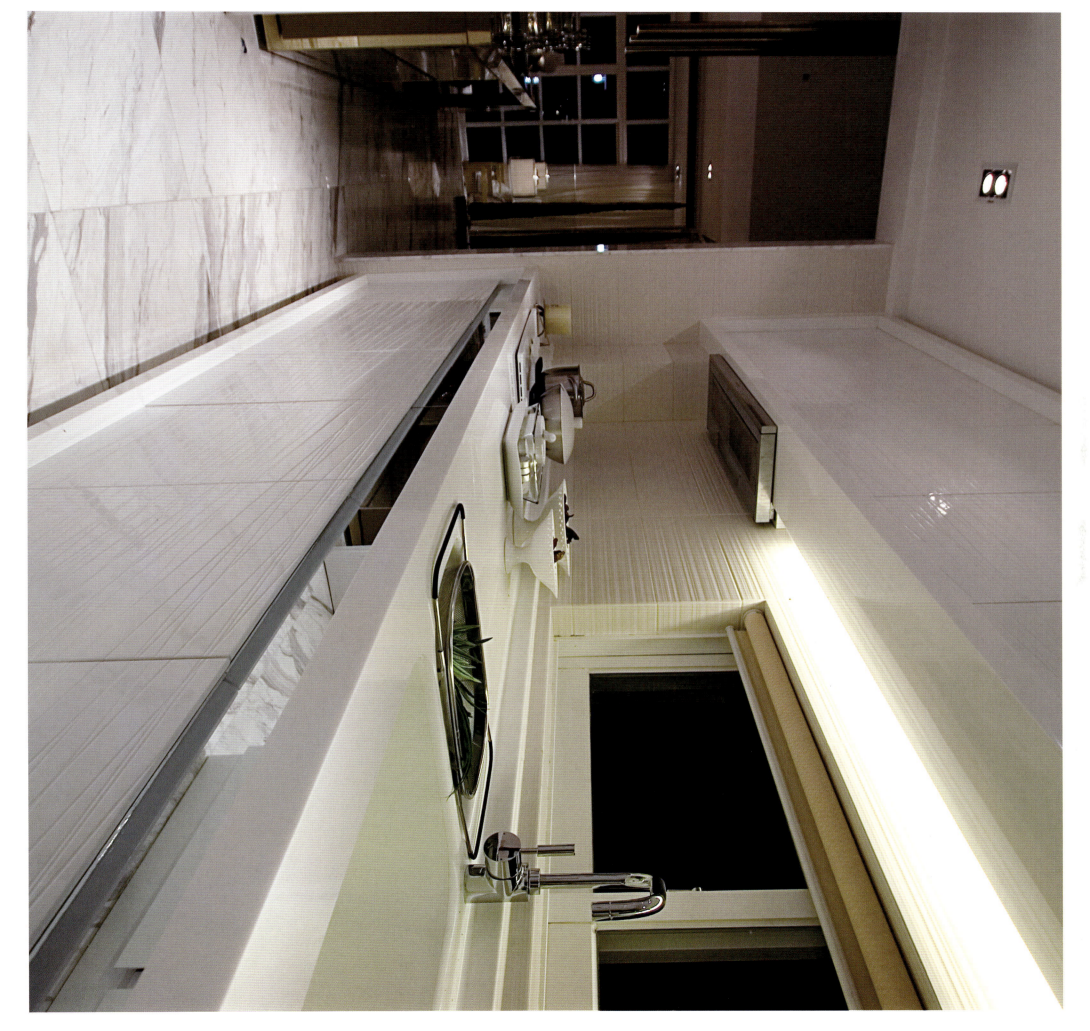

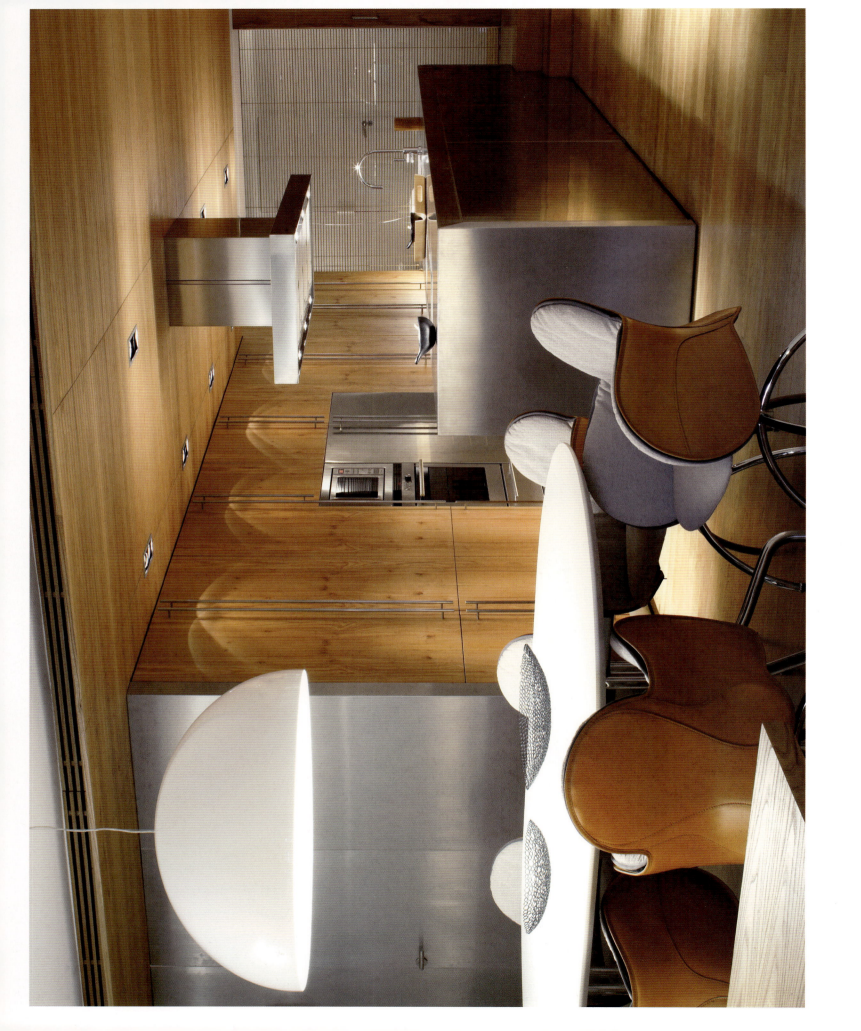

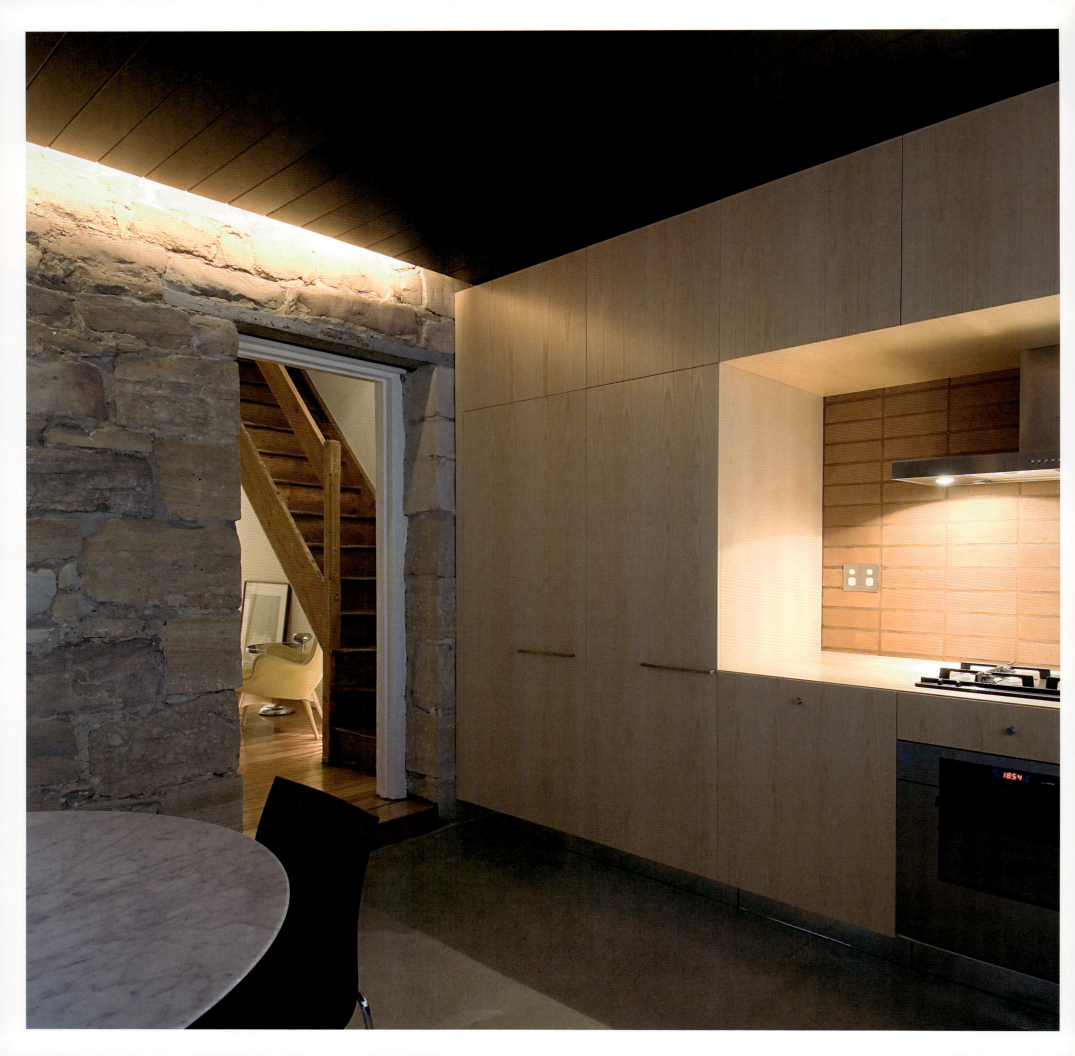

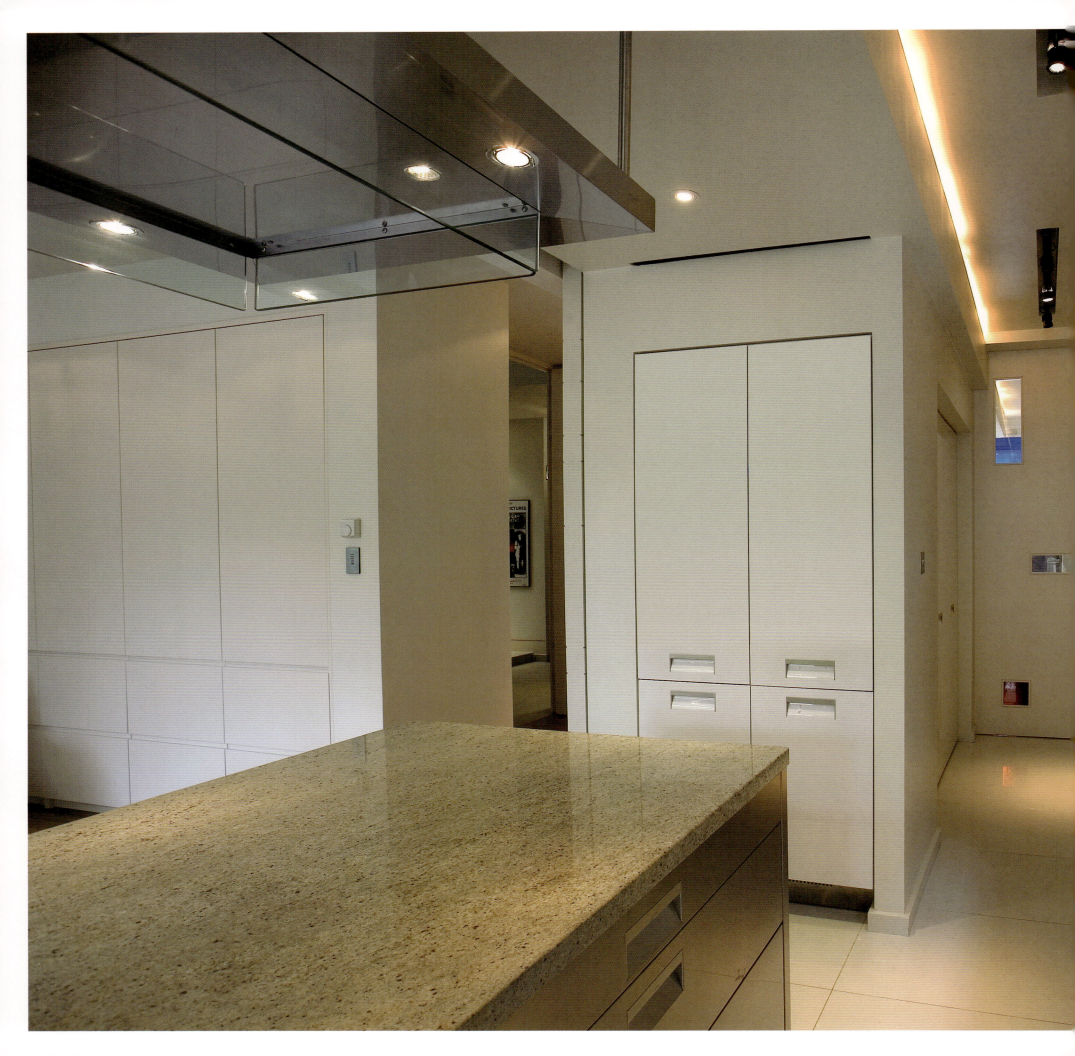

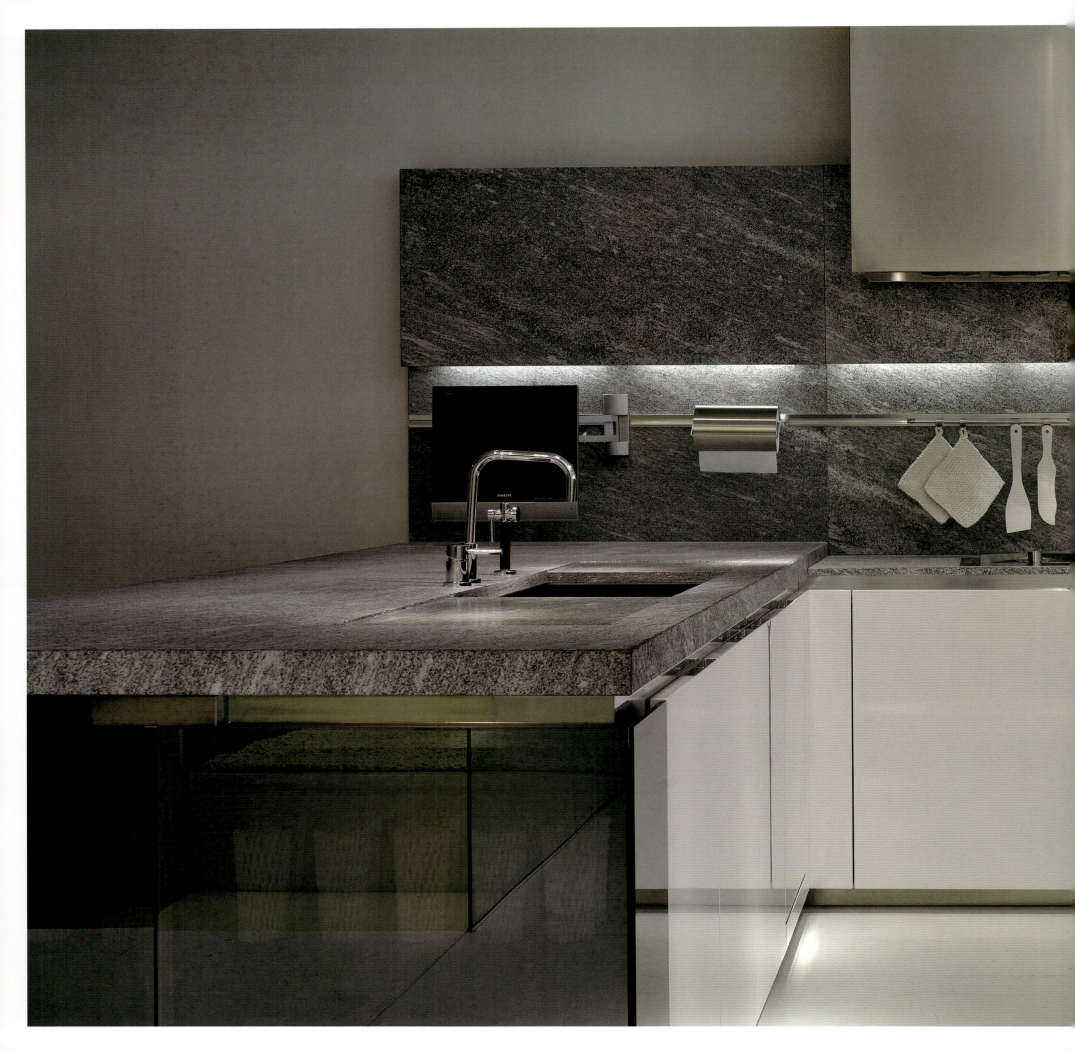

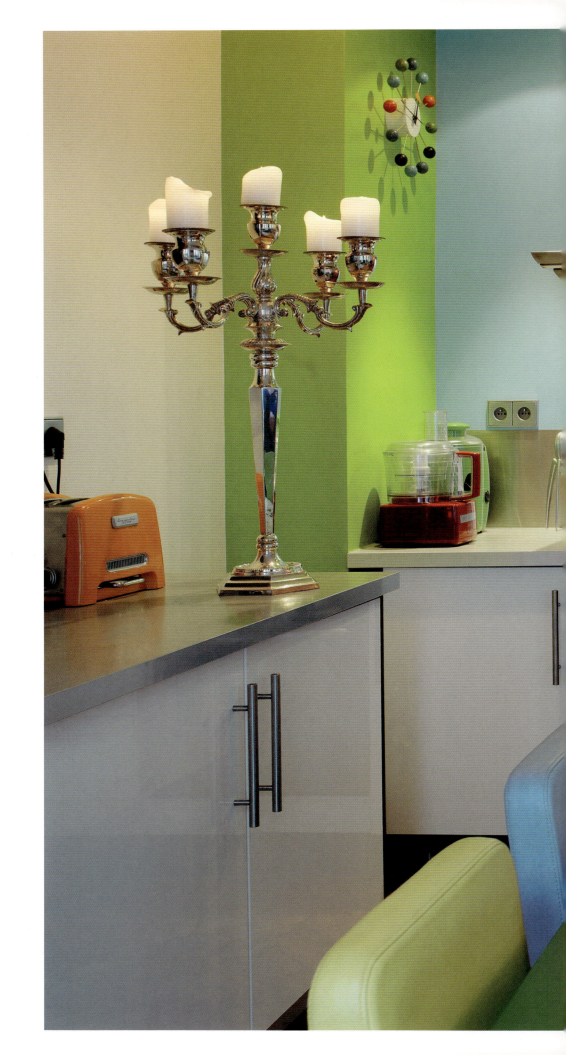

TIPS / ASTUCES

The aluminium knobs on the outside can be replaced by practical internal springs, leaving the surfaces completely smooth.

Aluminium knoppen aan de buitenkant kunnen worden vervangen door praktische veren aan de binnenkant zodat volledig gladde oppervlakken worden verkregen.

Die Aluminiumgriffe können durch praktische, innen angebrachte Federn ersetzt werden, um vollständig glatte Oberflächen zu erzielen.

Le maniglie esterne in alluminio possono essere sostituite con pratici sistemi a molle interne per ottenere superfici totalmente lisce.

Les poignées ou boutons en aluminium sont parfois remplacés par des ressorts dissimulés à l'intérieur du meuble pour préserver des surfaces complètement lisses.

Los tiradores exteriores de aluminio pueden sustituirse por prácticos resortes interiores para ofrecer superficies completamente lisas.

TECNOCUCINA

ERNESTO MEDA

The traditional doors on wall cabinets, which open horizontally to the left or right, are being replaced by those that open vertically.

De traditionele deuren van hangende kasten, die horizontaal naar links of naar rechts worden geopend, worden vervangen door deuren die verticaal geopend worden.

Die traditionellen Hängeschränke, die nach rechts oder links aufgeklappt werden, werden immer häufiger durch Schränke mit Türöffnung nach oben ersetzt.

I tradizionali sportelli dei pensili, che si aprono orizzontalmente verso sinistra o verso destra, vengono spesso sostituiti da elementi con apertura verticale.

Les traditionnelles portes des placards suspendus, qui s'ouvrent vers la droite ou vers la gauche, sont ici remplacées par des portes qui s'ouvrent vers le haut.

Las tradicionales puertas de los armarios suspendidos, que se abren horizontalmente hacia la izquierda o la derecha, están siendo reemplazadas por las de apertura vertical.

ERNESTO MEDA

ERNESTO MEDA

Due to the absence of knobs, the drawers and doors on cabinets go unnoticed, leaving a smooth surface.

Door de afwezigheid van knoppen blijven de laden of deuren van de kasten onopgemerkt en hebben zij een glad oppervlak.

Wenn keine Griffe angebracht werden, verschmelzen Schubladenfronten und Schranktüren zu einer durchgehenden glatten Oberfläche.

Data l'assenza di maniglie, i cassetti o gli sportelli dei mobili passano inosservati lasciando una superficie liscia.

En l'absence de poignées ou boutons, tiroirs et portes de placards passent inaperçus laissant des surfaces lisses.

Debido a la ausencia de tiradores, los cajones o las puertas de los armarios pasan inadvertidos y dejan una superficie lisa.

When there is no room for a conventional table, a cantilever countertop that can be extended will make the unit look lighter and provide an extra work surface.

Wanneer er geen ruimte is voor een traditionele tafel, zorgt een uitspringend, verlengd aanrecht ervoor dat het meubel lichter lijkt en een extra werkblad wordt verschaft.

Sollte für einen herkömmlichen Tisch nicht ausreichend Platz vorhanden sein, bietet eine verlängerte Arbeitsplatte eine zusätzliche Arbeitsfläche, ohne schwerfällig zu wirken.

Quando non c'è spazio per un tavolo standard, un ripiano sospeso allungabile trasmette leggerezza al mobile offrendo una superficie di lavoro aggiuntiva.

Quand il n'y a pas de place pour une table, le plan de travail prolonge le meuble tout en l'allégeant et en fournissant une tablette pour manger.

Cuando no hay espacio para una mesa convencional, una encimera volada que se prolonga transmite ligereza al mueble y proporciona una superficie de trabajo suplementaria.

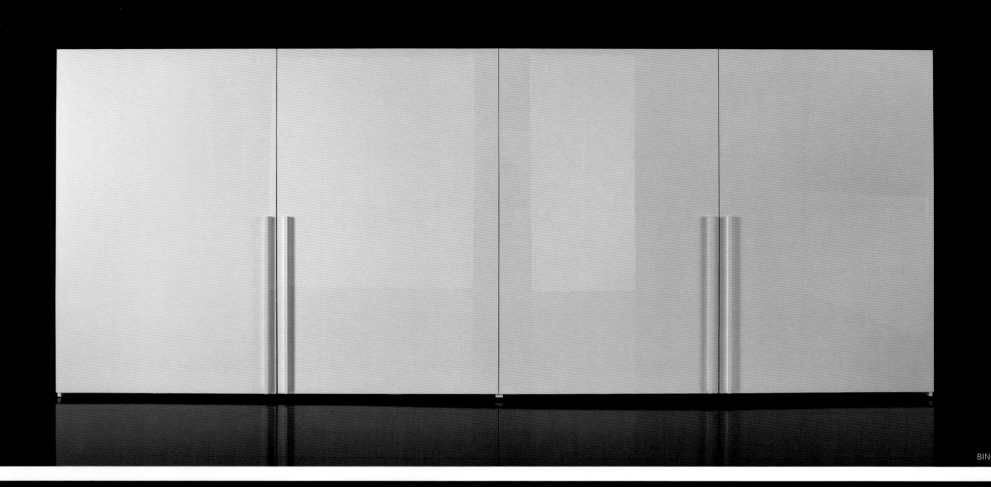

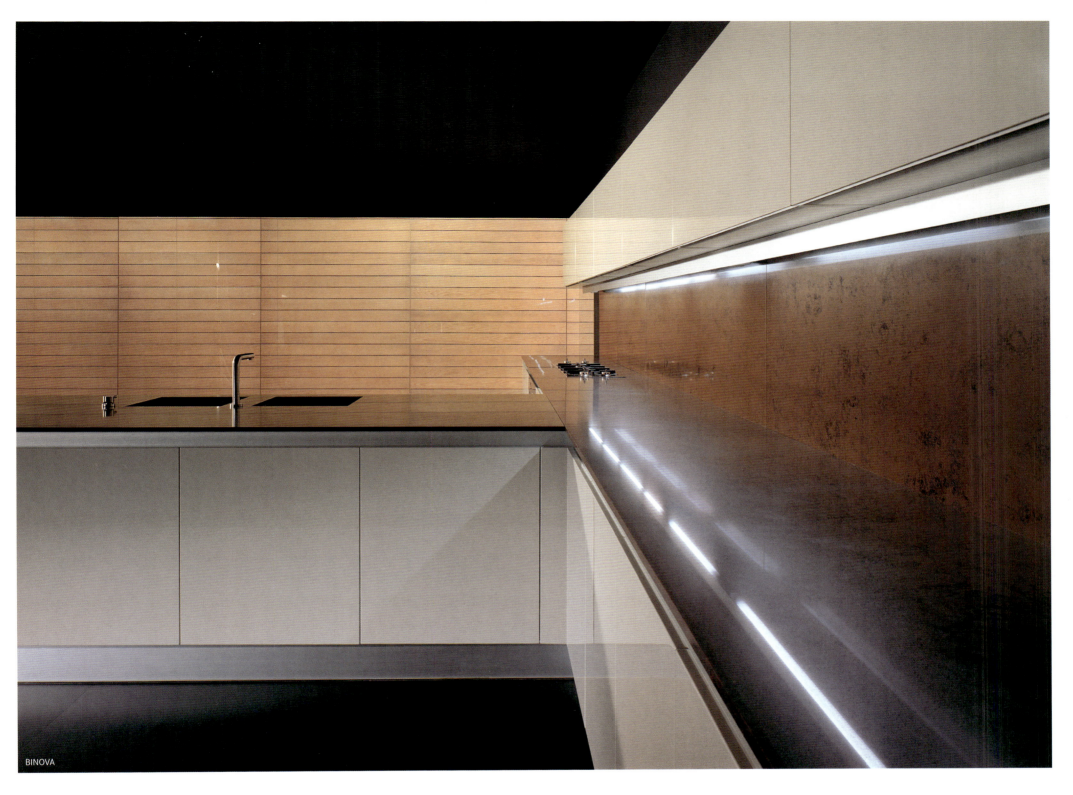

It is better for the heaviest items and those used most often, such as pots and pans, to be located in low cabinets or deep drawers underneath the worktop.

Het is beter om de zwaarste en meest gebruikte elementen, zoals pannen, in de onderkasten of diepe laden onder het aanrecht te bewaren.

Schweres und häufig verwendetes Küchenzubehör wie Töpfe und Pfannen sollten in Unterschränken und hohen Schubladen unter der Arbeitsplatte aufbewahrt werden.

È meglio che gli elementi più pesanti e di uso comune, come pentole e casseruole, siano sistemati in pensili bassi o cassetti profondi sotto il ripiano.

Il est préférable que les plats et casseroles ou cocottes les plus lourdes dont on se sert le plus soient rangés dans des placards bas ou des tiroirs profonds sous le plan de travail.

Es mejor que los elementos más pesados y de uso habitual, como ollas y cacerolas, estén situados en armarios bajos o cajones hondos bajo la encimera.

SUB-ZERO WOLF

DADA

FITTING

Any space is ideal for designing small places to keep utensils.

Elke ruimte is ideaal voor het ontwerp van kleine opberghoeken waar het keukengerei kan worden bewaard.

In Räumen aller Art können kleine Aufbewahrungsecken untergebracht werden, die mit Stauraum für Küchenutensilien aufwarten.

Qualsiasi spazio è adatto per progettare piccoli angoli di contenimento in cui conservare gli utensili.

Les moindres recoins sont de parfaits écrins où loger de mini-rangements afin d'organiser ses ustensiles de sorte qu'ils soient accessibles.

Cualquier espacio es idóneo para diseñar pequeños rincones de almacenaje donde guardar los utensilios.

CESAR

DICA

BINOVA

There are many products that make kitchen chores easier: sliding doors, cutting boards, or spaces for knives that are incorporated in the kitchen unit.

Er zijn veel producten die de culinaire taken vereenvoudigen: schuifdeuren, snijplanken of ruimten voor messen die in het keukenmeubel zijn opgenomen.

Zahlreiche Produkte erleichtern das Kochen: z. B. Schiebetüren, in die Küchenmöbel integrierte Schneidbretter oder Messerschubladen.

Vi sono molti prodotti che facilitano i lavori di cucina: sportelli scorrevoli, taglieri o portacoltelli integrati nel mobile di cucina...

Il existe de nombreux produits qui facilitent les tâches culinaires : portes coulissantes, billots, planches à découper et espaces de rangement pour les couteaux intégrés dans le meuble de la cuisine.

Existen muchos productos que facilitan las tareas culinarias: puertas correderas, tablas para cortar o espacios para cuchillos que se integran en el mueble de la cocina.

A folding door can be turned into a cutting board with just one movement. This solution makes it easy to reach knives.

Een klapdeur voorziet met een enkele beweging een snijplank. Met deze oplossing heeft men gemakkelijk toegang tot de messen.

Eine schwenkbare Tür bietet mit einer einzigen Handbewegung Zugriff auf ein Schneidbrett und die Messern.

Uno sportello apribile a 180° consente di disporre, con un unico movimento, di un piano per tagliare. Questa soluzione consente di accedere facilmente ai coltelli.

Un geste et la porte s'abat pour donner accès aux couteaux fournissant en même temps la planche à découper. L'économie de moyens fait toute l'élégance de cette solution.

Una puerta abatible proporciona, con un único movimiento, una tabla para cortar. Esta solución permite acceder a los cuchillos fácilmente.

CESAR

BINOVA

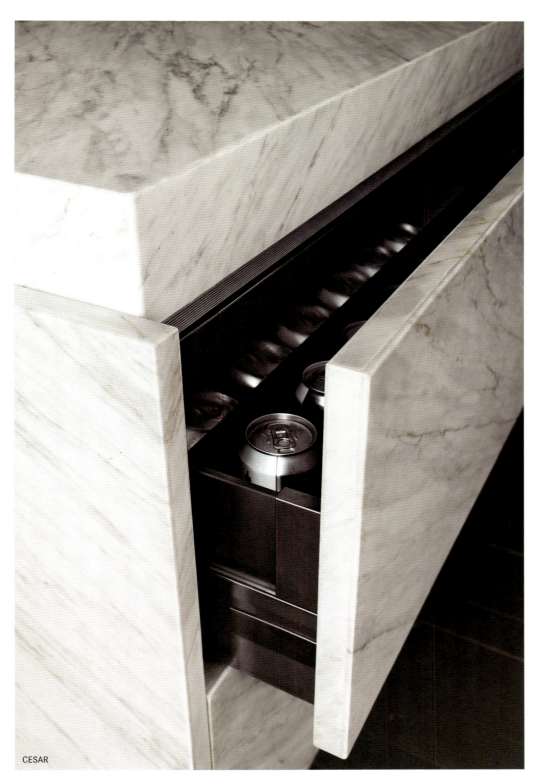 

CESAR

ARMANI/DADA

Kitchens with several drawers arranged at different heights make it easy to store all manner of utensils and products, including both crockery and food, without any problem.

In keukens met diverse laden van verschillende hoogte kunnen moeiteloos allerlei keukenspullen alsmede voedingsproducten worden opgeborgen.

In Küchen mit unterschiedlich hohen Schubladen können Utensilien, Geschirr und Lebensmittel aller Art problemlos untergebracht werden.

Le cucine con cassetti di diverse altezze consentono di conservare qualsiasi tipo di utensili e prodotti – alimentari e non solo – in modo facile.

Les cuisines qui associent des tiroirs de différentes hauteurs facilitent le rangement, autant des ustensiles de cuisine que des provisions et produits d'entretien.

Las cocinas que presentan varios cajones de distinta altura permiten almacenar todo tipo de utensilios y productos sin dificultad, tanto de menaje como de alimentación.

IKEA

ALESSI

RATIONAL

DADA

The heaviest items should be kept in the low cabinets, where we will not strain our back to take them out or put them away, or on visible shelves.

De zwaarste elementen worden in de onderkasten geplaatst, zodat onze rug er niet onder te leiden heeft als ze eruit of erin worden gezet, of op zichtbare planken.

Schwere Gegenstände werden in den Unterschränken verstaut, um den Rücken beim Herausnehmen und Wegräumen nicht zu belasten – oder auch auf Regalböden in Augenhöhe.

Nei mobili bassi sistemeremo gli elementi più pesanti, dove la nostra schiena non soffrirà per riporli o per estrarli, o su mensole e ripiani a vista.

Rangez tout ce qu'il y a de plus lourd dans les placards du bas afin d'économiser votre dos en les manipulant. Complétez si nécessaire par des étagères et des consoles.

En los armarios bajos se colocarán los elementos más pesados, donde nuestra espalda no sufrirá para sacarlos ni para guardarlos, o en estantes y repisas a la vista.

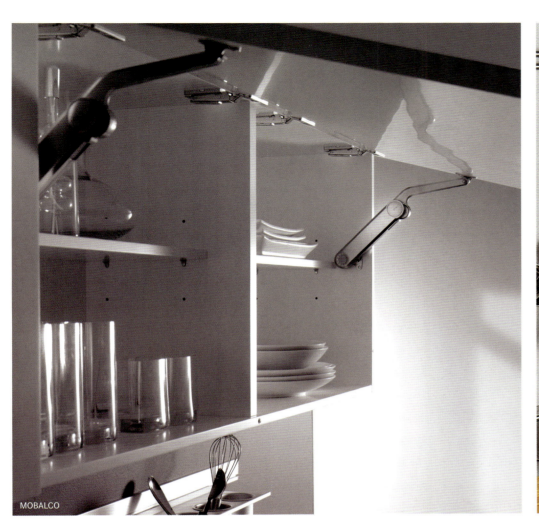
MOBALCO

LA OCA

NORMAN COPENHAGEN

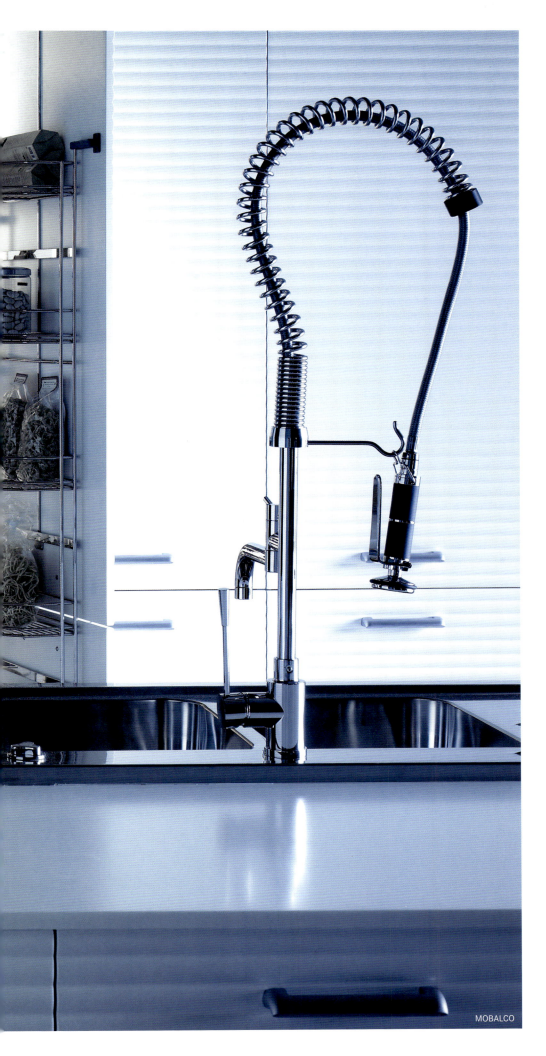

MOBALCO

HÄCKER KÜCHEN

DADA

We can attempt to play with materials: stainless steel and wood surfaces combine well with lacquered units and are enhanced by the color.

Durf en speel met materialen: houten en roestvrij stalen oppervlakken samen met gelakte meubels die worden geaccentueerd door de kleur.

Spielen Sie mit unterschiedlichen Materialien: Oberflächen aus Holz oder Edelstahl harmonieren ausgezeichnet mit farbig lackierten Möbeln.

Osiamo con i materiali: superfici in legno e acciaio inossidabile insieme a mobili laccati messi in risalto tramite l'uso del colore.

Osez les contrastes de matériaux : les surfaces en bois et acier inoxydable tranchent avec les façades et panneaux laqués tout en couleur.

Podemos atrevernos a jugar con los materiales: superficies de madera y acero inoxidable junto con muebles lacados realzados por el color.

OPEN & VIEW /
CUISINES AMÉRICAINES

Natural light and ventilation are essential in kitchens. Fitting a window allows the smoke and smell from cooking food to disappear more quickly (and ecologically) than a kitchen hood, although both solutions tend to be necessary. Moreover, daylight is ideal for preparing food; it is therefore preferable not to block natural sources of light with furnishings or other objects. For natural light and proper ventilation to be favorable elements in the kitchen, the space and furniture need to be arranged in keeping with the building features, taking all types of openings and windows into account. Hence care should be taken to avoid having windows behind areas where food is prepared. If this were indeed the case, too many shadows would be cast and it would often be necessary to have artificial lighting in the kitchens. A good option might be to place the sink or the table underneath the window. In terms of decoration, curtains or roller blinds can be installed to regulate the intensity of light, choosing between different options such as wood or fabric.

In addition, artificial lighting is also usually necessary. Care should be taken to make sure that the appliances are well lit by installing lights underneath the wall units. Most smoke extractors have lights incorporated, which are basic for being able to cook properly and efficiently. The cooking area, sink and worktop require lighting without any shadows. One solution might be to complete the lighting with lights fitted underneath the wall units in the kitchen or on the walls. The main lighting in the room should be quite powerful. This can be achieved with halogen spotlights (installing one 50 W light every 10 square feet or so) or energy-efficient light bulbs (one about every 32 square feet).

Ausreichend Tageslicht und eine gute Belüftung sind in der Küche besonders wichtig. Der Einbau eines Fensters nach außen lässt Rauch, Dampf und Essensgerüche schneller (und umweltschonender) verschwinden als eine Dunstabzugshaube, wenngleich meist beide Elemente erforderlich sind. Außerdem erleichtert eine natürliche Ausleuchtung die Zubereitung der Speisen, weshalb natürliche Lichtquellen nicht durch Möbel oder andere Gegenstände verstellt werden sollten. Damit in der Küche das Tageslicht optimal ausgenutzt und eine gute Belüftung sichergestellt wird, sind die Möbel nach den spezifischen Baumerkmalen und unter Berücksichtigung der vorhandenen Fenster und sonstiger Öffnungen anzuordnen. Beim Kochen sollte der Benutzer der Küche nicht zwischen Fenster und Arbeitsfläche stehen müssen, da sonst störende Schatten entstehen, die die Anbringung zusätzlicher künstlicher Lichtquellen erfordern. Optimal wäre es, das Spülbecken oder die Arbeitsfläche unterhalb des Fensters zu platzieren. Dekorative Vorhänge oder Rollos dämmen das einfallende Licht und sind in zahlreichen Ausführungen (z. B. aus Holz oder Stoff) erhältlich. Künstliche Beleuchtung ist in den meisten Fällen erforderlich. Dabei ist z. B. durch Anbringung von Lichtquellen an der Unterseite der Hängeschränke oder mithilfe von Wandleuchten sicherzustellen, dass alle wichtigen Bereiche wie Herd, Spülbecken und Arbeitsplatte schattenfrei ausgeleuchtet sind. Der Großteil der Dunstabzugshauben ist mit Lampen ausgestattet, die das Kochen mit ausreichend Licht ermöglichen und durch zusätzliche Leuchten ergänzt werden können. Die Deckenlampe in der Küche sollte besonders leistungsstark sein und z. B. über Halogenleuchten (ein Strahler mit 50 W pro m^2) oder Energiesparbirnen (eine für jeweils 3 m^2) verfügen.

Éclairage naturel et ventilation sont essentiels dans une cuisine. L'installation d'une fenêtre ouvrant sur l'extérieur permet l'évacuation des fumées et des odeurs de cuisson plus rapidement (et de manière plus écologique) que celle d'une hotte, mais bien souvent les deux sont nécessaires. La lumière naturelle est idéale pour préparer les aliments, aussi vaut-il mieux ne rien placer (meubles ou autres objets) devant les ouvertures. Afin que la lumière et la ventilation se conjuguent pour rendre la cuisine agréable, il faut organiser l'espace et les meubles en fonction des caractéristiques de la construction. On s'appliquera en particulier à bien exploiter fenêtres et ouvertures diverses. Il vaut mieux que les fenêtres ne soient pas trop éloignées de la zone de préparation des repas pour éviter les ombres qui obligent à allumer pour cuisiner. Placer la table ou l'évier sous une fenêtre est souvent une bonne solution. Au niveau de la décoration, on peut prévoir des rideaux ou des stores enroulables, en toile ou en bois, pour moduler l'intensité lumineuse. De toute façon, il faut aussi un éclairage artificiel. On veillera donc au bon éclairage des petits appareils en plaçant les sources lumineuses sous les éléments hauts. La plupart des hottes comprennent des éclairages qui tombent sur les plaques de cuisson, dispensant la lumière nécessaire pour cuisiner dans de bonnes conditions. Les plaques, l'évier et le plan de travail doivent recevoir un éclairage direct sans ombre. Une solution consiste à compléter des plafonniers par des ampoules sous les éléments hauts de la cuisine ou des appliques murales. La cuisine doit être bien éclairée, aussi ne faut-il pas hésiter à recourir à des spots halogènes (une ampoule de 50 W par mètre carré) ou des ampoules basse consommation (une pour trois mètres carrés).

Hemellicht en ventilatie zijn essentieel in de keuken. Een raam dat uitziet naar buiten zorgt ervoor dat walm en etensgeuren sneller (en milieuvriendelijker) kunnen worden afgevoerd dan met een afzuigkap, hoewel beide elementen gewoonlijk nodig zijn. Bovendien is hemellicht ideaal voor het bereiden van eten. Daarom moeten de natuurlijke lichtbronnen bij voorkeur niet worden afgesloten met meubilair en andere voorwerpen. Opdat hemellicht en een juiste ventilatie elementen zijn die de keuken ten goede komen, moeten de ruimte en het meubilair afhankelijk van de bouwkenmerken worden ingericht. Daarbij moet rekening worden gehouden met de aanwezigheid van alle soorten ramen en openingen. Daarom moet worden vermeden dat de ramen zich achter de plaats waar het eten wordt bereid bevinden. Zo niet, dan vallen er te veel schaduwen en is er in veel gevallen kunstlicht nodig. Een goede optie kan zijn om een spoelbak of tafel onder het raam te zetten. Ter decoratie kunnen gordijnen of rolgordijnen worden opgehangen. Daarin zijn veel keuzemogelijkheden, zoals hout of doek.

Anderzijds is kunstlicht meestal ook nodig. Er moet voor gezorgd worden dat de apparaten voldoende belicht worden. Dat kan door spots aan de onderkant van bovenkastjes te plaatsen. In de meeste afzuigkappen zijn lampjes ingebouwd, die fundamenteel zijn om efficiënt te kunnen koken. Op de plaats waar zich de gaspitten, de gootsteen en het aanrecht bevinden is een belichting zonder schaduwval nodig. Een oplossing kan zijn de verlichting aan te vullen met lampen onder de bovenmodules van de keuken of wandlampen. De algemene verlichting moet krachtig zijn. Dit kan bereikt worden met halogeenlampen (een van 50 W per m^2) of spaarlampen (om de 3 m^2).

La luce naturale e la ventilazione sono essenziali in una cucina. La collocazione di una finestra esterna consentirà a fumi e odori prodotti con il cibo di dissolversi più rapidamente (e in modo più ecologico) rispetto all'uso di un aspiratore, anche se entrambi gli elementi generalmente sono necessari. Inoltre, la luce del giorno è ideale per la preparazione del cibo, pertanto è preferibile evitare di bloccare le fonti naturali di luce con mobili o altri oggetti. Affinché la luce naturale e una corretta ventilazione siano elementi vantaggiosi in una cucina, occorre organizzare lo spazio e gli arredi in funzione delle caratteristiche costruttive, considerando la presenza di finestre e aperture di vario tipo. A tal fine occorre evitare che le finestre siano ubicate dietro l'area dedicata alla preparazione dei cibi. Questo infatti causarebbe la proiezione di ombre e la necessità di usare spesso le luci artificiali. Una buona opzione può essere quella di sistemare il lavello o il tavolo sotto la finestra. A livello di accessori decorativi, si possono sistemare tende o avvolgibili per regolare l'intensità della luce, scegliendo tra varie opzioni come il legno o il tessuto.

D'altra parte, anche l'illuminazione artificiale è solitamente necessaria. È importante assicurarsi che i vari elementi d'uso comune siano sufficientemente illuminati installando punti luce nella parte inferiore dei pensili sospesi. La maggior parte delle cappe sono dotate di luci semplici per cucinare in modo adeguato ed efficace. La zona cottura, il lavello e il piano di lavoro necessitano di un'illuminazione senza ombre. Una soluzione può essere quella di integrare l'illuminazione sistemando delle luci sotto i moduli superiori della cucina o delle applique a parete. Per quanto riguarda la luce generale, questa dovrà essere potente. Tale risultato può essere ottenuto con l'uso di lampade alogene (sistemandone una da 50 W per ogni m^2) o a basso consumo (una ogni 3 m^2).

La luz natural y la ventilación son esenciales en la cocina. La colocación de una ventana externa permitirá que los humos y el olor de las comidas desaparezcan de forma más rápida (y ecológica) que con un extractor de humos, aunque los dos elementos suelen ser necesarios. Además, la luz del día es ideal para cocinar, por lo que es preferible no bloquear las fuentes de luz natural con mobiliario u otros objetos. Para poder aprovechar en la cocina la luz natural y una correcta ventilación, hay que organizar el espacio y los muebles en función de las características de la construcción, considerando la presencia de ventanas y aberturas de todo tipo. Por este motivo, hay que evitar que las ventanas queden detrás del área donde se prepara la comida. Si así fuera, se proyectarían demasiadas sombras y se necesitaría a menudo la luz artificial. Una buena opción puede ser colocar la pileta o la mesa debajo de la ventana. En cuanto a la decoración, se pueden instalar cortinas o persianas enrollables para regular la intensidad de la luz, de las que existen diferentes opciones, como las de madera o las de tela.

Por otro lado, la iluminación artificial también suele ser necesaria. La mayoría de las campanas extractoras de humo incluyen luces, que resultan muy útiles para cocinar. La zona de fuegos, fregadero y encimera requiere una iluminación sin sombras. Una solución puede ser completar la iluminación con luces bajo los módulos superiores de la cocina o con apliques de pared. En cuanto a la luz general, ésta debe ser potente. Puede conseguirse con focos halógenos (instalando uno de 50 vatios por cada metro cuadrado) o luces de bajo consumo (una cada tres metros cuadrados).

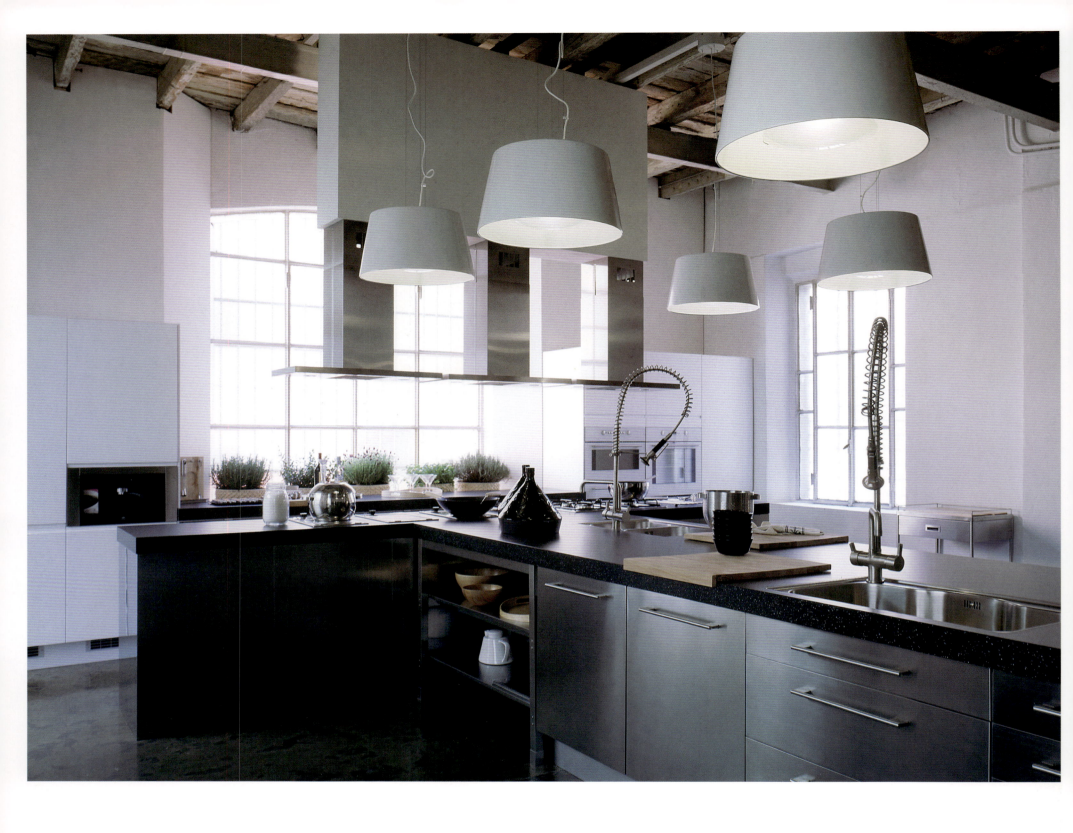

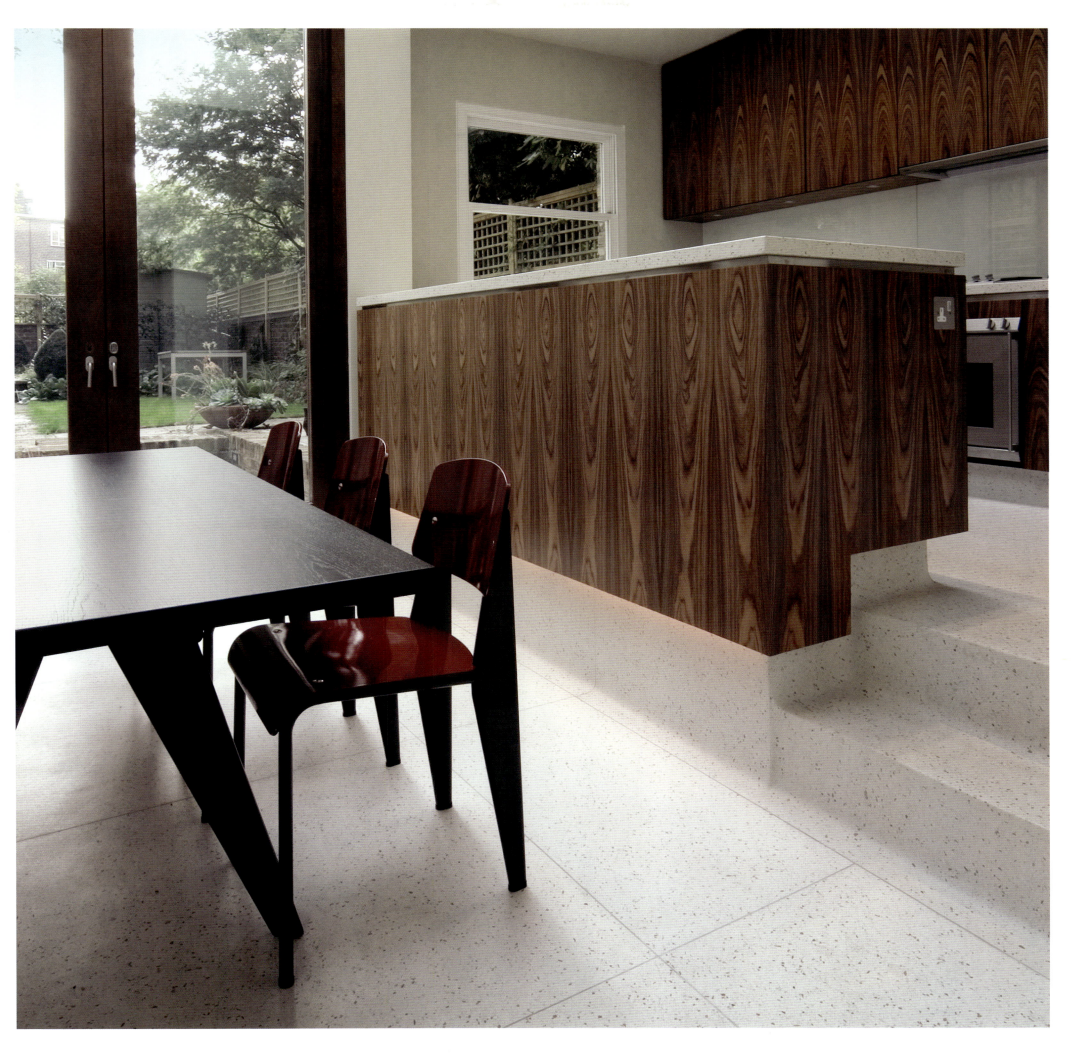

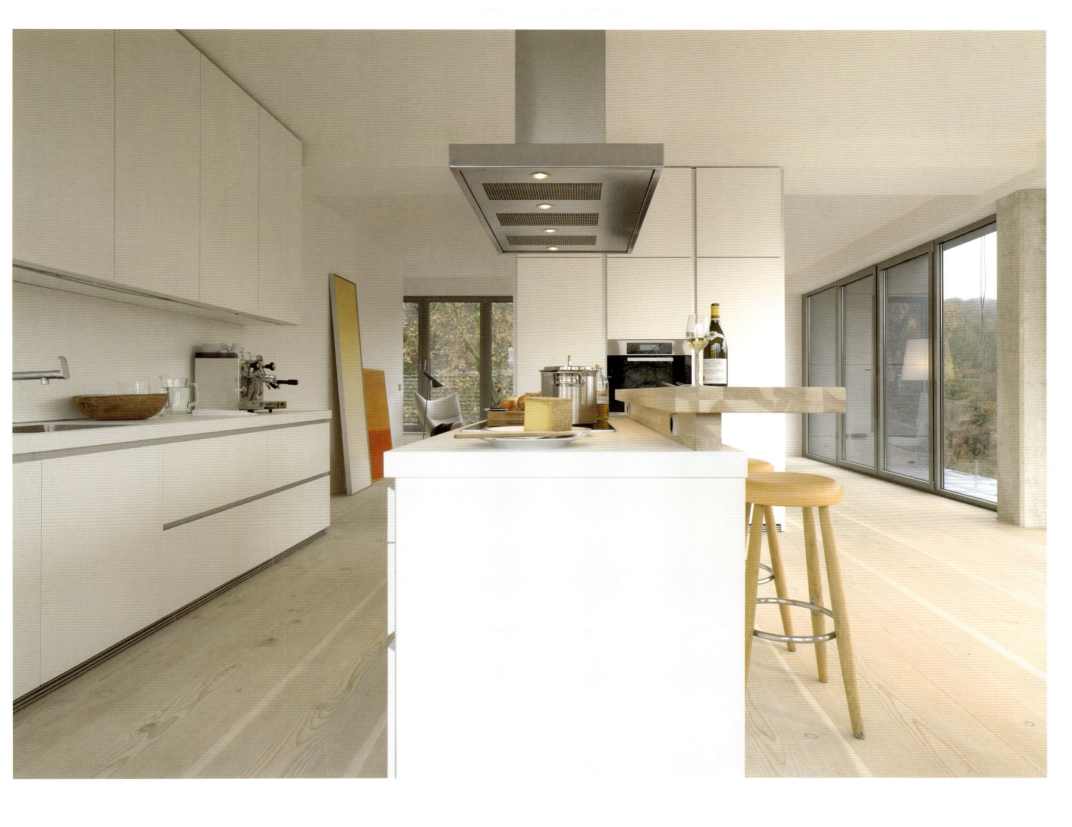

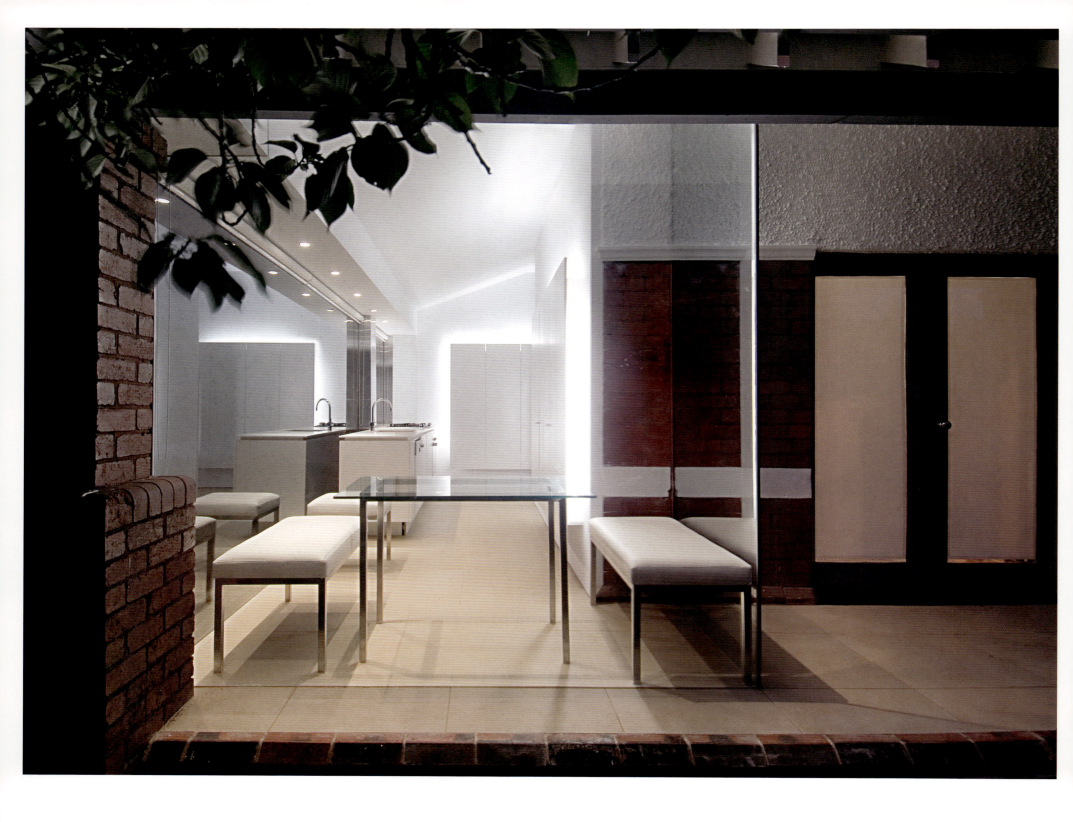

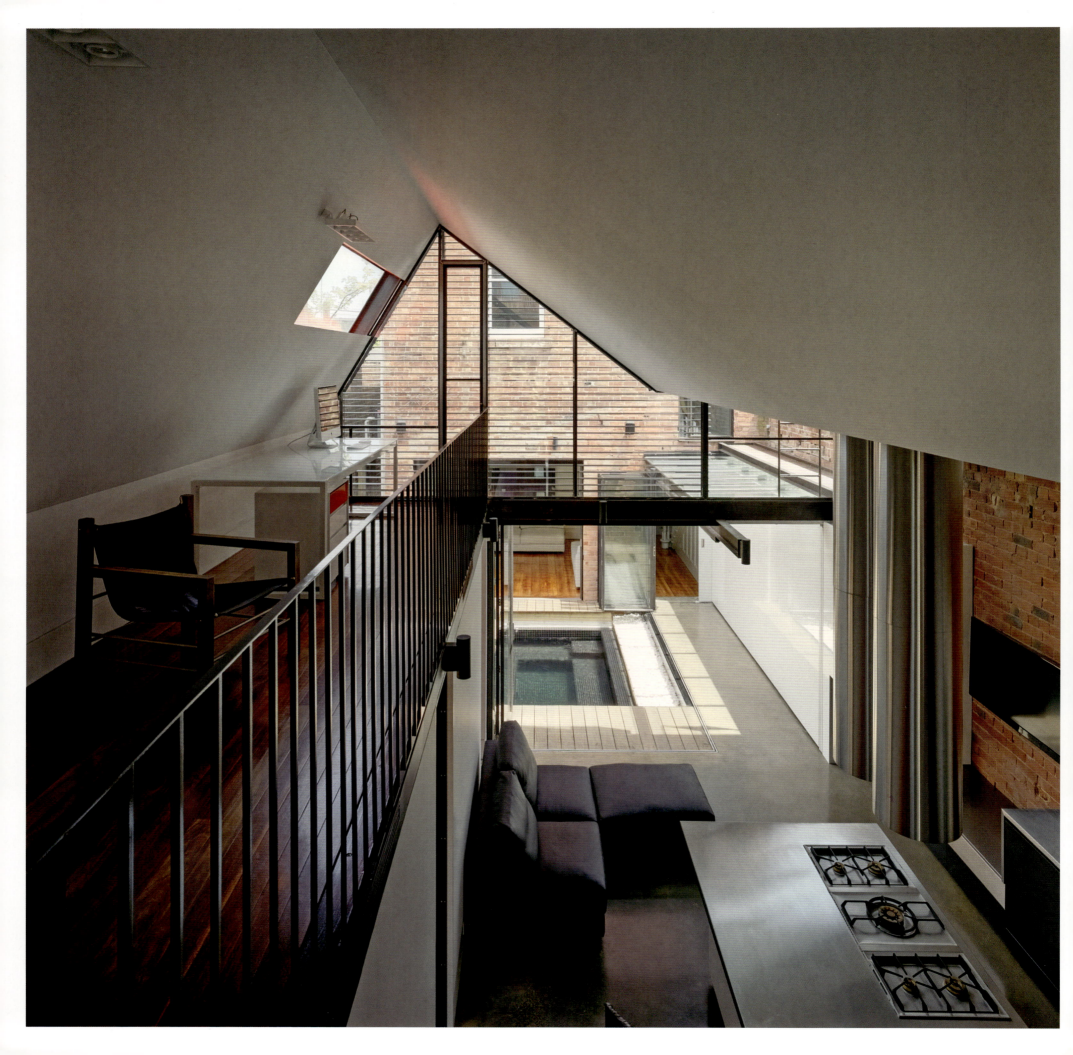

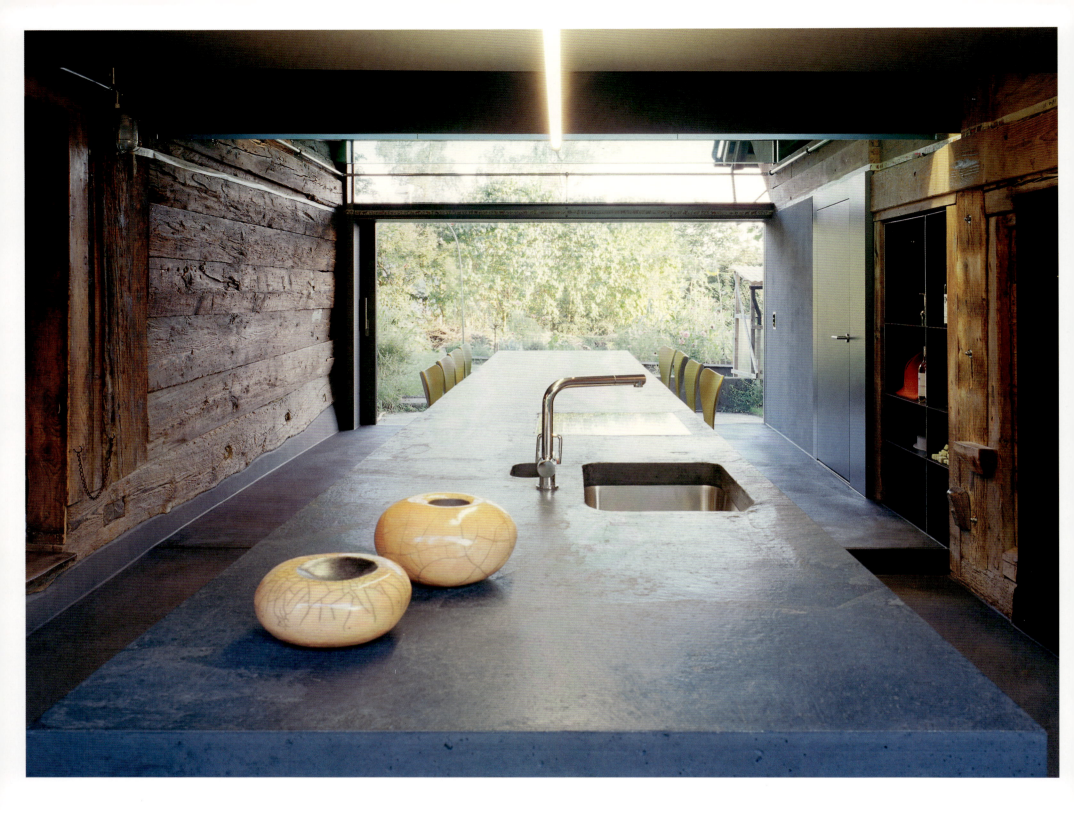

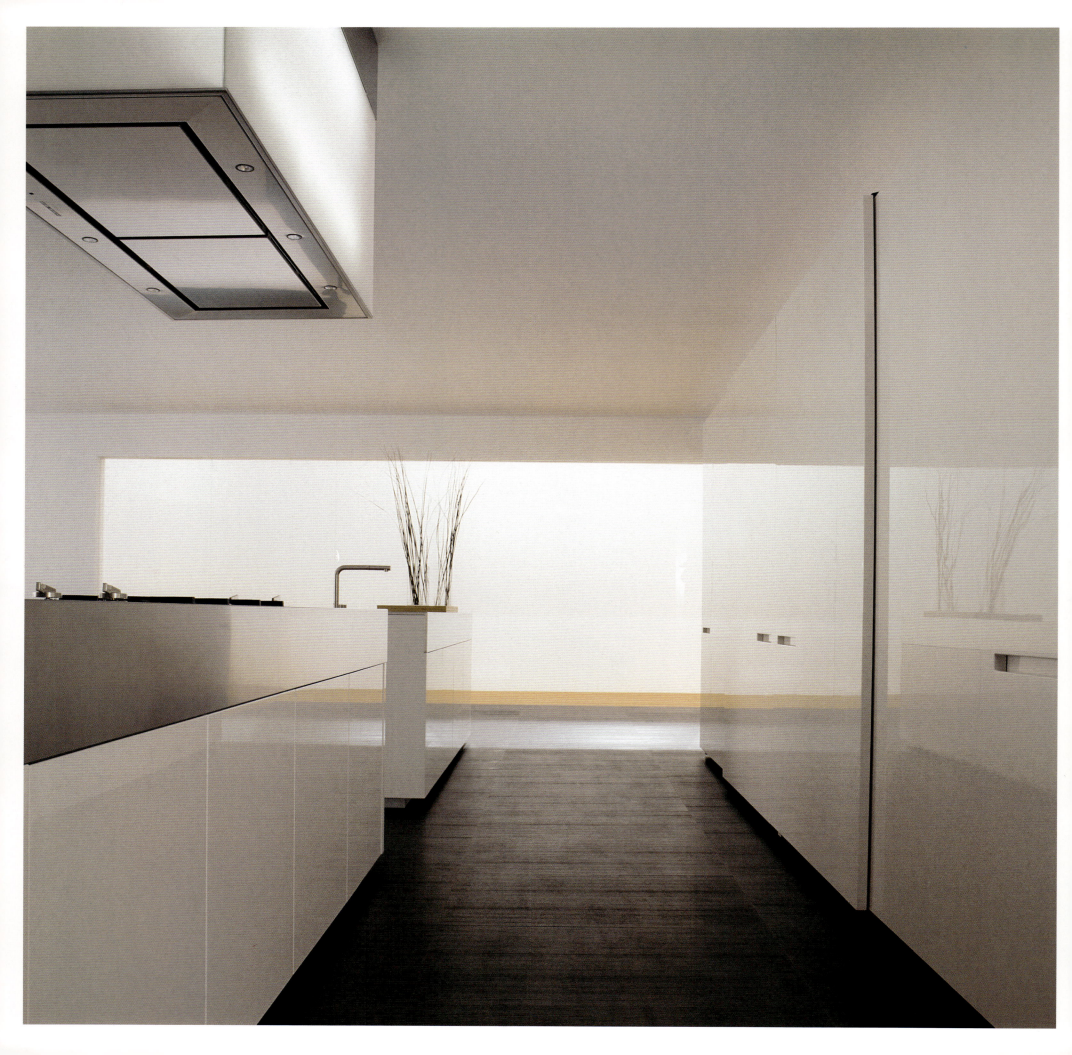

TIPS / ASTUCES

BILL TIMMERMAN

There are fireplaces for outdoors which are perfect for enjoying the terrace or patio even in winter.

Er zijn open haarden die ideaal zijn voor buiten er die ervoor zorgen dat men zelfs in de winter heerlijk kan genieten van het terras of de patio.

Einladende Kamine für den Außenbereich machen Terrasse oder Innenhof sogar im Winter zu einem wohnlichen Ort.

Esistono caminetti adatti all'esterno che consentono di godere della terrazza o dello spazio prospicente la casa anche in inverno.

Il existe des cheminées d'extérieur idéales pour profiter de sa terrasse ou de son patio même en hiver.

Existen chimeneas de exterior que permiten disfrutar de la terraza o el patio incluso en invierno.

Arrange the furniture around an outdoor kitchen or barbeque for friends to gather round while you do the cooking.

Zet het meubilair rondom een buitenkeuken of barbecue voor een gezellig samenzijn met vrienden terwijl het eten wordt bereid.

Ordnen Sie rund um Freiluftküche oder Grillstelle die Möbel an, um beim Kochen ein gemütliches Beisammensein mit Freunden genießen zu können.

Distribuisci i mobili intorno alla cucina esterna o al barbecue per poter organizzare un momento conviviale con gli amici mentre viene preparato il cibo.

Comment organiser le mobilier autour d'une cuisine d'extérieur ou d'un barbecue pour une chaleureuse réunion entre amis tout en préparant le repas.

Distribuye el mobiliario en torno a una cocina exterior o barbacoa para poder montar una cálida reunión entre amigos mientras se prepara la comida.

© Hisao Susuki

Apart from adding a romantic touch to the area, outdoor braziers make the cold nights that much warmer.

Buitenbarbecues geven de ruimte in de buitenlucht niet alleen iets romantisch, maar zorgen ook voor warmte tijdens koude winter- en zomeravonden.

Feuerstellen im Außenbereich sorgen nicht nur für eine romantische Note, sondern spenden angenehme Wärme in kalten Winter- und lauen Sommernächten.

Oltre ad aggiungere un tocco romantico allo spazio all'aperto, i barbecue esterni rendono più calde le notti fresche, sia in inverno che in estate.

Non seulement ils ajoutent une touche de romantisme à la scène, mais les foyers extérieurs réchauffent les soirées d'hiver ou les nuits d'été encore fraîches.

Además de añadir un toque romántico al espacio al aire libre, los braseros exteriores hacen más cálidas las noches frías.

EAT-IN /
CUISINES-SALLES À MANGER

Is a kitchen table necessary? Perhaps a breakfast bar or a modular work surface could be an option to combine the kitchen and the dining room, and hence save space. Furthermore, it may be an ideal area for the kids to play in and do their homework while you are doing the cooking. Where space is at a premium, a simple breakfast bar may have the same function, and this is also the most popular solution for those living by themselves or as a couple, or where it is in keeping with the family routine.
In modern apartments the kitchen is not a separate room, but forms an integral part of the living room. In such cases, it is essential that there should be no lack of harmony with the design of the living room and that the sense of visual order should remain intact by hiding a large part of the most striking features of the kitchen. Household appliances hidden behind paneling the same color as the walls, sliding doors or shutters that hide part of the kitchen when it is in use (as if it were a cabinet) are some of the tricks that are commonly used.
Over the years, the breakfast room has been reinvented. Recent trends have meant that kitchens are now presented as multidisciplinary areas, and the breakfast area has turned into an essential feature. Whether as a stylish resource with lines that blur between the rooms or else as separate islands, it is always a wonderful solution for joining and separating kitchen and living room in a subtle manner.
The best way to create a breakfast area inside a kitchen of reduced dimensions is to use furniture that can be folded away. If there is a free wall, it can accommodate an extendible table with folding chairs. Another option is to make a bar by freeing up space beneath the worktop by leaving a hole, without any cabinets, to make way for a couple of chairs. The most important thing is to ensure that it has a functional layout.

Une table est-elle indispensable dans une cuisine ? Une tablette pour le petit-déjeuner ou une surface de travail modulable offrent des options intéressantes pour réunir cuisine et salle à manger, faisant ainsi gagner de l'espace. Cette solution présente l'avantage de créer un lieu où les enfants peuvent faire leurs devoirs en étant avec leurs parents qui préparent le repas. Si l'espace est vraiment réduit, c'est généralement la solution tablette, parfois escamotable, qui s'impose. C'est souvent celle choisie par les célibataires ou les jeunes couples sans enfants. Dans les logements récents, la cuisine n'est plus une pièce indépendante mais prolonge souvent le séjour. Quand c'est le cas, son esthétique, complémentaire à celle du salon, soulignera l'harmonie visuelle de l'ensemble tout en occultant les appareils. L'électroménager se dissimule derrière des panneaux coordonnés aux murs, des portes coulissantes ou des stores qui masquent partiellement la cuisine quand on l'utilise. Une autre astuce consiste à la dissimuler derrière des portes suggérant la présence d'un placard et non d'une pièce.
Le passage du temps et l'évolution de la vie familiale conduisent à redéfinir entièrement les fonctions de la cuisine. Les cuisines apparaissent de plus en plus comme des lieux polyvalents incontournables où l'on mange. Qu'il s'agisse d'une solution décorative dont les lignes vont se fondre dans l'espace environnant ou d'une succession d'éléments indépendants, il y a toujours une bonne solution pour définir une subtile démarcation entre cuisine et salon en intégrant l'espace repas.
La manière la plus simple de créer une cuisine-salle à manger dans une pièce de dimensions réduites est d'utiliser des meubles pliants. Si l'on dispose d'une surface murale libre, on peut s'en servir pour mettre une table à rabat et quelques sièges pliants. Une autre possibilité est de prévoir un espace sans meuble de rangement sous la surface de travail afin de ménager un bar sous lequel on rangera chaises ou tabourets. Tant que la disposition est fonctionnelle, tout va bien.

Ist ein Tisch in der Küche wirklich notwendig? Auch eine Frühstückstheke oder eine modulare Arbeitsplatte sind praktische Lösungen, um Küche und Essbereich zu vereinen und Platz zu sparen. An einem Tisch können Kinder spielen und Hausaufgaben machen, während das Essen zubereitet wird. Eine platzsparende Theke erfüllt die gleiche Funktion und wird vor allen von Alleinlebenden oder Paaren bevorzugt. Im modernen Zuhause ist die Küche oftmals kein abgetrennter Raum, sondern wird in den Wohnbereich integriert. In diesen Fällen ist darauf zu achten, dass die Gestaltung mit der Einrichtung des Wohnzimmers harmoniert und die Optik bewahrt wird, indem man die auffälligsten Elemente der Küche aus dem Sichtfeld verbannt. Haushaltsgeräte können hinter in der Wandfarbe gestrichenen Paneelen versteckt werden, Schiebetüren oder Jalousien verbergen einen Teil der Küche, wenn gerade in ihr gearbeitet wird… dies sind zwei der am weitesten verbreiteten Tricks.
Im Laufe der Jahre hat die Wohnküche ihr Aussehen verändert und ist aufgrund diverser Trends zu einem multidisziplinären Raum geworden, sei es als Bereich, der mit der Wohnumgebung verschmilzt, oder als unabhängige Kochinsel, die Küche und Wohnbereich auf subtile Weise vereint und doch trennt.
Die einfachste Art und Weise, einen Essplatz auf kleinem Raum unterzubringen, sind Klappmöbel: Ist eine freie Wand vorhanden, können ein ausziehbarer Tisch und Klappstühle aufgestellt werden; werden die Unterschränke unter einem Teil der Arbeitsfläche entfernt, entsteht ein Tresen, unter dem ein paar Stühle Platz finden. Das Wichtigste ist in jedem Falle, dass die Anordnung funktional ist.

Is een tafel in de keuken nodig? Een ontbijtbar of een modulair werkoppervlak kunnen een goede optie zijn om de keuken en de eetkamer samen te voegen en ruimte te besparen. Bovendien kan dat een ideale plaats zijn voor kinderen om te spelen of hun huiswerk te maken terwijl het eten wordt bereid. In het geval de ruimte zeer beperkt is kan een simpele ontbijtbar voldoen. Dit is bovendien een door alleenwonenden of stellen veelvuldig gekozen oplossing. In moderne woningen is de keuken niet een afgescheiden vertrek, maar is deze geïntegreerd in de zitkamer. In dat geval mag de esthetiek niet detoneren met het design van de zitkamer en moet een groot deel van de meest opvallende elementen van de keuken voor het zicht verborgen blijven. Huishoudelijk apparatuur die verdwijnt achter panelen in de kleur van de wanden, schuifdeuren of rolgordijnen die, als ware het een kast, een deel van de keuken verbergt als er gekookt wordt, zijn enkele van de veelgebruikt trucs.
In de loop der jaren heeft de *office* opnieuw vorm gekregen. Volgens de trends moeten keukens worden ingedeeld als multidisciplinaire ruimtes en is de *office* uitgegroeid tot een van de onmisbare elementen. Hetzij als esthetisch hulpmiddel met lijnen die samensmelten met de ruimtes, hetzij als onafhankelijke eilanden. Dit is altijd een goede manier om de keuken en zitkamer op subtiele wijze met elkaar te verenigen en tegelijkertijd van elkaar te scheiden.
De beste manier om een *office* te creëren in een keuken met kleine afmetingen is door middel van inklapbare meubels. Als er een vrije muur beschikbaar is, kunnen daar een uitschuifbare tafel en een paar klapstoelen worden neergezet. Een andere mogelijkheid is om een bar te creëren door de ruimte onder het aanrecht vrij te maken en ruimte open te laten om een paar stoelen te plaatsen. Het belangrijkste is dat de inrichting functioneel is.

È necessario un tavolo in cucina? Forse un bancone per la colazione o una superficie di lavoro modulare possono essere un'opzione per unire cucina e sala da pranzo e risparmiare spazio. Inoltre, può essere l'area ideale dove i bambini possono giocare e fare i compiti mentre si cucina. Quando lo spazio è ridotto, un semplice bancone per la colazione può svolgere la stessa funzione; è la soluzione più comune anche nel caso di single o coppie, o quando il ritmo familiare lo consente. Nelle case moderne la cucina non è un ambiente separato, ma è solitamente integrato nel salotto. In questi casi l'estetica dovrà allinearsi a quella della zona giorno e l'ordine visivo dovrà nascondere la maggior parte degli elementi più tipici della cucina. Elettrodomestici nascosti dietro pannellature dello stesso colore delle pareti, porte scorrevoli o persiane che celano parte della cucina quando questa non viene utilizzata come se si trattasse di un armadio, sono alcuni dei trucchi più comuni.

Con gli anni, il cosiddetto *office* è stato reiventato. Le nuove tendenze hanno obbligato le cucine a presentarsi come spazi multidisciplinari e l'*office* diventa uno degli elementi imprescindibili. Che si tratti di una soluzione estetica le cui linee si fondono con gli altri ambienti o piuttosto di isole indipendenti, rappresenta sempre una buona soluzione per unire e separare la cucina dal salotto in modo sofisticato.

Il modo migliore per creare un *office* in una cucina di piccole dimensioni è utilizzando elementi di arredo pieghevoli. Se si dispone di una parete libera, è possibile sistemare un tavolo allungabile e qualche sedia pieghevole. Un'altra opzione è creare un bancone liberando dai pensili lo spazio sotto il ripiano e lasciare un vano per sistemarvi sotto un paio di sedie. La cosa più importante è che la disposizione risulti funzionale.

¿Es necesaria una mesa en la cocina? Quizás una barra de desayuno o una superficie de trabajo modular pueden ser una alternativa para unir la cocina y el comedor y ahorrar espacio. Además, puede ser un zona ideal para que los niños puedan jugar y hacer los deberes mientras se está cocinando. Donde el espacio es más reducido, una simple barra de desayunos puede cumplir la misma función, y también es la solución elegida mayoritariamente cuando se vive solo o en pareja, o bien cuando el ritmo familiar lo permite. En muchas viviendas modernas la cocina no es una estancia separada, sino que se integra en el salón. En tal caso, es necesario que la estética no desentone con el diseño del salón y que se mantenga el orden visual ocultando los elementos más llamativos de la cocina. Electrodomésticos que se esconden tras paneles del color de las paredes, puertas correderas o persianas que ocultan parte de la cocina cuando no se está usando, a modo de armario, son algunos de los trucos habituales.

Con el paso de los años, el *office* se ha reinventado. Las tendencias han obligado a que las cocinas se presenten como espacios multidisciplinares, y el *office* se convierte en uno de los elementos imprescindibles. Ya sea como recurso estético con líneas que se funden con los ambientes o bien como islas independientes, ésta es siempre una buena solución para unir y separar cocina y salón de una forma sutil. La mejor manera de crear un *office* en una cocina de pequeñas dimensiones es utilizar muebles plegables. Si se dispone de una pared libre se puede colocar una mesa extensible y unas sillas plegables. Otra opción es conseguir una barra liberando de armarios el espacio de debajo de la encimera y dejando un hueco para colocar un par de sillas. Lo más importante es que su disposición sea funcional.

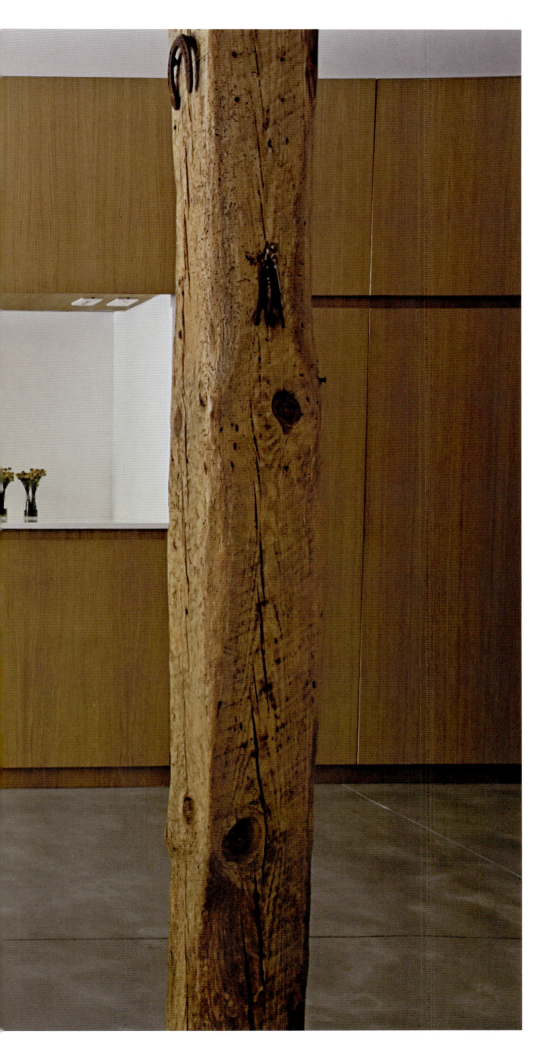

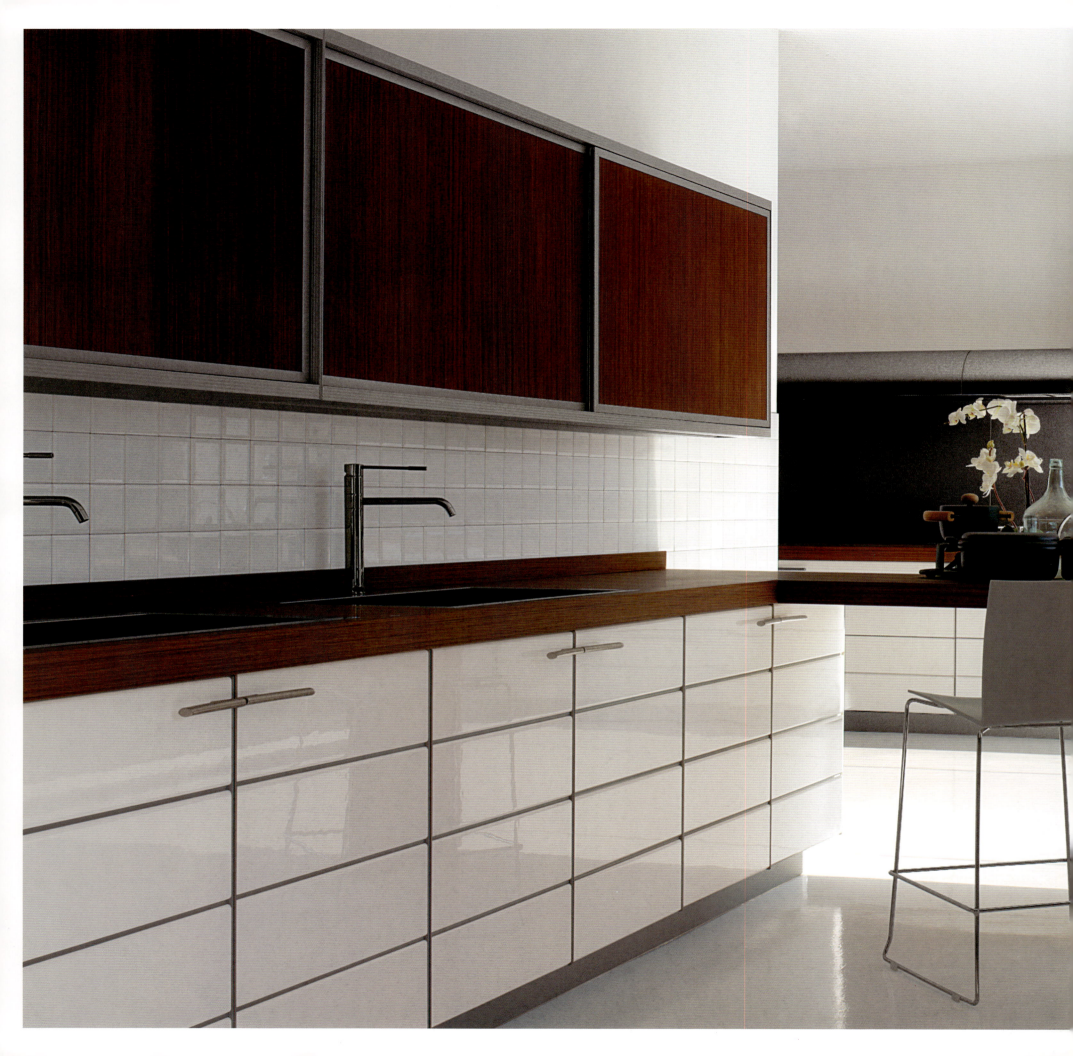

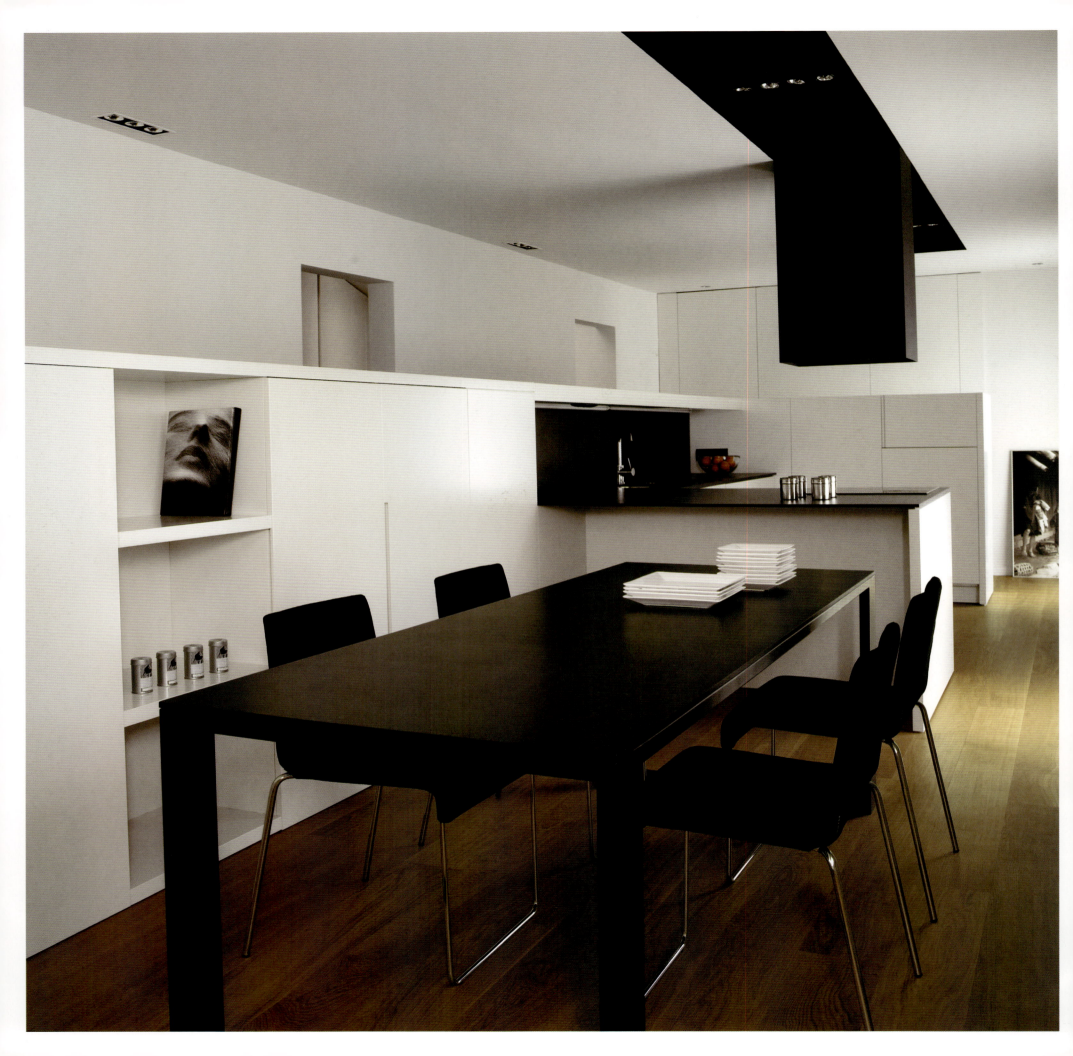

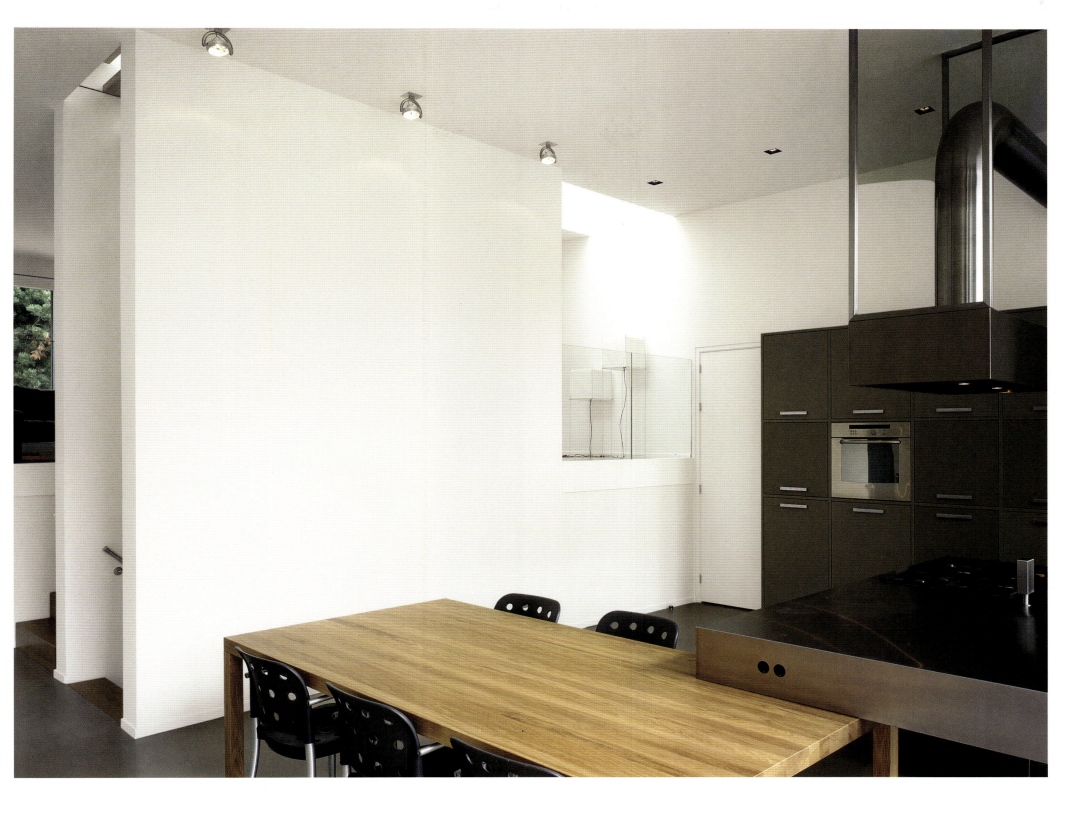

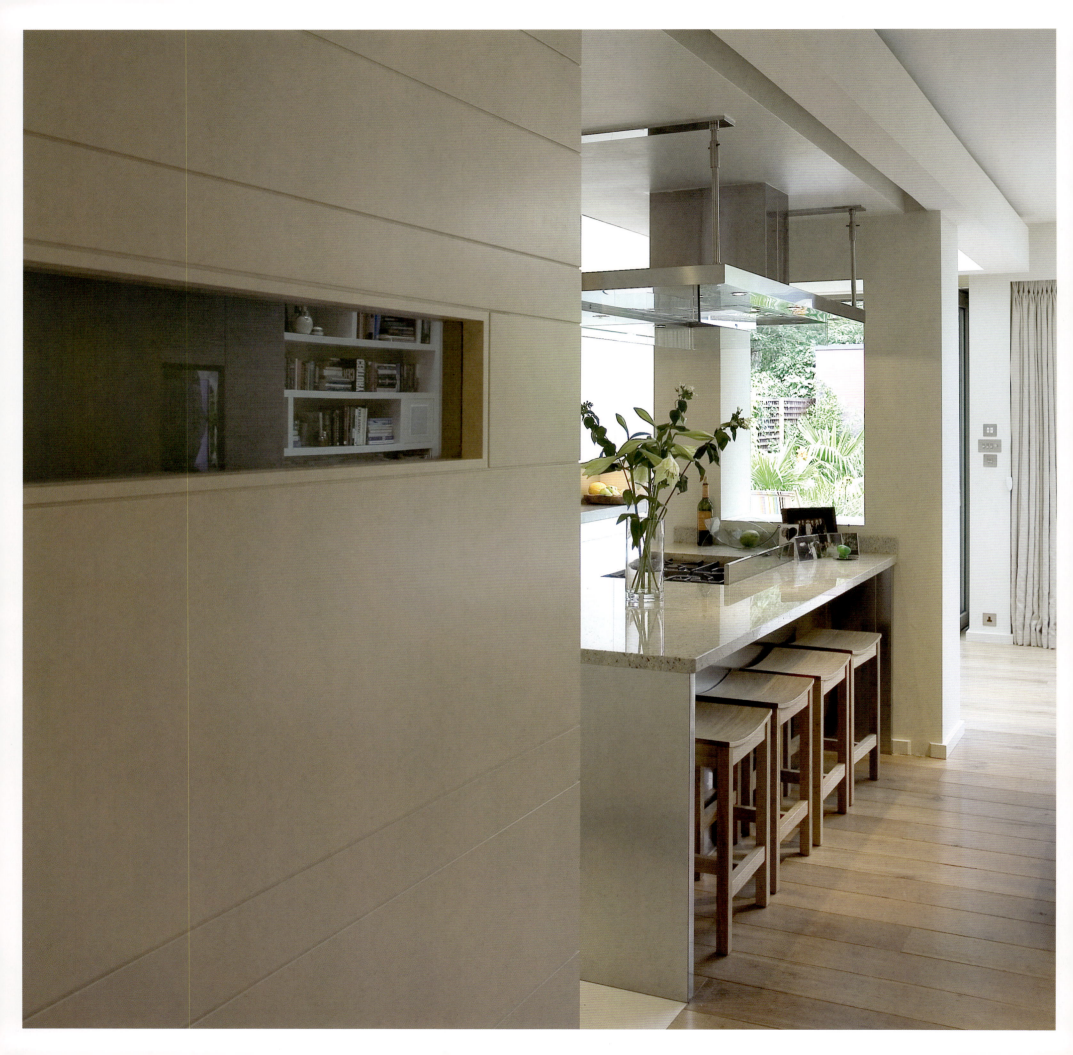

TIPS / ASTUCES

HÄCKER KÜCHEN

DADA

So as not to waste any space, the stools can be left underneath the bar when it is not being used.

Om geen ruimte te verliezen kunnen de barkrukken onder de bar worden opgeborgen wanneer ze niet worden gebruikt.

Um Platz zu schaffen, können die Hocker, wenn sie nicht benutzt werden, unter der Theke verstaut werden.

Per non perdere spazio, gli sgabelli possono essere riposti sotto il bancone quando questo non viene utilizzato.

Aucun espace perdu : il suffit de ranger les tabourets sous le bar quand on n'est pas assis dessus.

Para no perder espacio, se pueden guardar los taburetes debajo de la barra.

ERNESTO MEDA

When there is no room for a conventional table, a cantilever countertop that can extend to double up as a breakfast bar can take its place.

Wanneer er geen ruimte is voor een traditionele tafel, dan kan een uitspringend, verlengd aanrecht fungeren als ontbijtbar.

Reicht der Platz nicht für einen herkömmlichen Tisch aus, kann eine verlängerte Arbeitsplatte als Frühstückstheke dienen.

Quando non c'è spazio per un tavolo convenzionale, un ripiano sospeso allungabile può essere usato come bancone per la colazione.

Faute d'espace pour une table, un plan de travail sans meuble en dessous constitue une surface confortable pour prendre le petit-déjeuner.

Cuando no hay espacio para una mesa convencional, una encimera volada que se prolonga puede funcionar como barra de desayuno.

There should never be too much space in the cabinets. Only keep out what you need on a daily basis. Keep everything else in a large pantry.

Er is nooit te veel kastruimte. Berg alleen voorwerpen die u dagelijks nodig heeft zichtbaar op en bewaar de rest in een ruime voorraadkast.

Schränke können niemals zu viel Platz bieten. Bewahren Sie nur das in Sichtweite auf, was Sie täglich benötigen, und lagern Sie alle übrigen Gegenstände in einer geräumigen Vorratskammer.

Lo spazio di contenimento non è mai eccessivo. Tieni a vista solo ciò che serve quotidianamente e riponi il resto usufruendo di un'ampia dispensa.

Il n'y a jamais trop de place dans un placard. Gardez en vue ce dont vous vous servez tous les jours et conservez le reste dans un garde-manger aussi grand que possible.

Nunca sobrará espacio en los armarios. Mantén a la vista únicamente lo que necesites de forma diaria y guarda el resto en una amplia despensa.

If you are looking for something flexible, the best option is a modular kitchen, as it will allow you to install separate units anyway you please, to suit your own needs.

Als u een flexibele ruimte zoekt, dan zijn modulaire keukens de beste optie, aangezien daarmee vrijelijk onafhankelijke modules kunnen worden geplaatst naargelang de behoeften van het moment.

Soll die Küche flexibel gestaltet werden, bieten sich Modulküchen an, deren einzelne Elemente ganz nach den momentanen Anforderungen der Benutzer angeordnet werden können.

Per chi cerca uno spazio flessibile, l'opzione migliore è rappresentata dalle cucine modulari che consentono di sistemare liberamente i moduli indipendenti in base alle necessità del momento.

Quand on recherche un espace polyvalent, les cuisines modulaires sont la meilleure solution. Il est toujours possible de déplacer les différents modules pour répondre aux besoins du moment.

Si buscas un espacio flexible, la mejor opción son las cocinas modulares, ya que permiten colocar libremente los módulos independientes según las necesidades del momento.

To make the most of the space and create a breakfast area in the kitchen itself, you can have a small table that pulls out from the worktop.

Om de ruimte te benutten en een ontbijtzone in de keuken zelf te creëren, kan een tafeltje worden toegevoegd die de werkzone uitbreidt.

Um den Platz gut auszunutzen und einen Frühstücksbereich in der Küche zu schaffen, kann ein kleiner Tisch an die Arbeitsfläche angeschlossen werden.

Per sfruttare lo spazio e creare una zona per la colazione nella stessa cucina, è possibile aggiungere un tavolino allungabile che parta dalla zona di lavoro.

Pour optimiser l'espace et prendre son petit-déjeuner à l'aise dans la cuisine, on peut ajouter une petite table qui déborde sur l'espace de préparation.

Para aprovechar el espacio y crear una zona para desayunar en la misma cocina, se puede añadir una mesita que se expanda de la zona de trabajo.

It the space allows, pull down the walls or join rooms together with cross-cutting elements and service areas.

Als de ruimte het toelaat, breek dan wanden af of voeg vertrekken samen met behulp van horizontale elementen.

Wenn Ihr Zuhause es zulässt: reißen Sie Wände ein oder verbinden Sie einzelne Bereiche mithilfe horizontaler Elemente.

Se lo spazio lo consente, elimina le pareti o riunisci più ambienti con elementi di taglio trasversale e zone di servizio.

Quand il y a assez d'espace, prolonger les murs ou réunir les pièces et zones fonctionnelles avec des éléments en épi.

Si el espacio lo permite, tira las paredes o reúne estancias con elementos de corte transversal y zonas de servicio.

It is possible to work comfortably in the kitchen without needing to stand the whole time. Having a stool can be really useful.

In de keuken kan comfortabel gewerkt worden zonder dat het nodig is om de hele tijd te blijven staan. Een extra kruk kan heel nuttig zijn.

In der Küche kann man bequem arbeiten, ohne stets stehen zu müssen. Ein zusätzlicher Hocker leistet dafür hervorragende Dienste.

In cucina si può lavorare comodamente senza necessità di restare in piedi tutto il tempo. Uno sgabello aggiuntivo può essere di grande aiuto.

Inutile de se fatiguer inutilement en restant tout le temps debout. On peut très bien faire la cuisine assis, surtout si l'on dispose d'un tabouret.

En la cocina se puede trabajar cómodamente sin necesidad de permanecer de pie todo el rato. Un taburete auxiliar puede ser de gran ayuda.

TM ITALIA

Don't lose heart if there is no room in the kitchen for a traditional rectangular table. You can try out other ways of seating people for a meal.

Laat de moed niet zakken als u in de keuken geen ruimte heeft voor een traditionele rechthoekige tafel. Er kunnen andere manieren worden bestudeerd om plaats te bieden aan de eters.

Verlieren Sie nicht den Optimismus, wenn in Ihrer Küche kein Platz für einen typischen rechteckigen Esstisch ist. Es gibt viele Alternativen, um mehrere Personen in der Küche zu bewirten.

Non c'è da scoraggiarsi se la cucina non può contenere un classico tavolo rettangolare. Si possono trovare altri modi per sistemare i commensali.

Ce n'est pas parce que votre cuisine est trop petite pour y mettre une table rectangulaire qu'il faut renoncer à recevoir vos amis. Il y a plein d'autres solutions.

No hay que desanimarse si la cocina no puede alojar una mesa rectangular tradicional. Se pueden explorar otros modos de acomodar a los comensales.

It is essential to plan the working and dining areas so that we have a kitchen design that suits our needs.

Werk- en eethoeken inrichten is fundamenteel voor het ontwerp van een aan onze behoeften aangepaste keuken.

Die Planung der Arbeitsflächen und Essbereiche ist besonders wichtig, um eine Küche zu kreieren, die auf die individuellen Anforderungen ihrer Benutzer abgestimmt ist.

Pianificare le zone di lavoro e della sala da pranzo è fondamentale per progettare una cucina che si adatti alle nostre necessità.

Il faut bien séparer les zones de préparation de celles où l'on mange si l'on veut concevoir une cuisine répondant à toutes nos exigences.

Planificar las zonas de trabajo y de comedor es fundamental para diseñar una cocina que se adapte a nuestras necesidades.

© Gene Raymond Ross

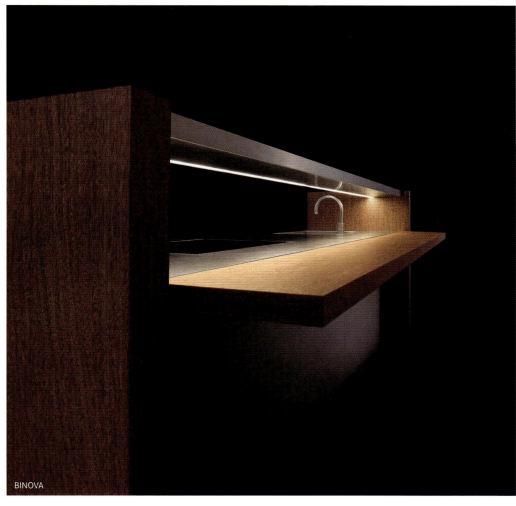

ALNO

BINOVA

XXL /
CUISINES XXL

The new era of the deluxe kitchen is here. The current gastronomic culture has given rise to kitchens that have all the air of a real laboratory. The kitchen ventures beyond its normal boundaries and gains more square feet to become one of the most appreciated spaces in the house. The new generation includes domotic systems with smart computers, which incorporate an array of functions – that would not be out of place in the kitchen of any top chef. Current kitchen brands have a range of variations with technical and safety features, with stunning designs and practical solutions of the highest quality. Thanks to the spaciousness of this type of kitchen, the shapes of the furniture and the texture of the materials take center stage together with the latest technology. Some of the proposals have a DVD incorporated with a USB port and media player for MP3, MPG, AVI and TXT files, and even enable an HDMI cable to be connected to view enhanced images. It provides an alternative for those that do not want to miss their favorite program while they are in front of the cooktop.
There is an evidence of luxury in stylish details and building features. The projects have highly flexible systems with special measurements allowing for a number of different uses. Long-lasting and extremely simple designs covering a great many functional aspects. Base units, wall units, shelving columns are custom-built to achieve large areas of storage space without wasting even an inch of space. With respect to the materials, ecological woods certified by the Forest Stewardship Council (FSC) are used, as well as treatments lacquered with water-based products that reduce the presence of synthetic solvents.
These kitchens are real challenges that go far beyond pre-established clichés and are trailblazers for the new era of kitchens of the future.

À l'ère des chefs médiatiques, les cuisines de luxe conduisent à repenser les anciens modèles. L'engouement pour la gastronomie transforme la cuisine en véritable laboratoire. Triomphante, elle sort de son rôle ancillaire et sa surface augmente. Quand on fait le tour du propriétaire, c'est la pièce dont on est le plus fier. D'autant plus que les cuisines de dernière génération sont devenues intelligentes. Avec l'avènement de la domotique, elles accomplissent d'innombrables fonctions, se substituant presque au chef. Il ne leur manque plus que le goût ! Les fabricants de cuisines déclinent aujourd'hui de multiples gammes au design de rêve présentant toutes les qualités techniques et de sécurité requises et offrant des solutions pratiques de grande qualité. Puisque ces cuisines sont spacieuses, les formes du mobilier ainsi que la texture des matériaux passent au premier plan et s'associent aux dernières technologies. Certaines des installations proposées comprennent un lecteur DVD avec port USB et lecteur d'archives MP3, MPEG, AVI et TXT, et permettent même de brancher un câble HDMI pour avoir des images de meilleure qualité. C'est la solution idéale pour les cuisiniers qui ne veulent rien rater de leurs émissions favorites tout en mitonnant de bons petits plats sur de belles plaques en vitrocéramique.
Le luxe est dans les raffinements esthétiques et dans la richesse des agencements. Les diverses gammes se déclinent dans de multiples compositions possibles, avec des dimensions spécialement conçues pour permettre plusieurs usages. Des lignes indémodables et extrêmement épurées sont bien souvent le moyen le plus sûr d'offrir les ensembles les plus fonctionnels. Meubles bas, meubles hauts, étagères, tout est conçu sur mesure afin de créer de vastes rangements sans place perdue. En ce qui concerne les bois utilisés, ce sont des arbres provenant de forêts gérées bénéficiant du label du Forest Stewardship Council (FSC). Les traitements ou vernis utilisés pour les finitions sont à base d'eau afin de réduire la présence de solvants synthétiques.
Ces installations relèvent de véritables défis et préfigurent les cuisines de demain qui mettent à mal clichés et poncifs sur le sujet.

Eine neue Ära luxuriöser Küchen ist angebrochen. Die heutige Gastro- und Kochkultur hat Küchen hervorgebracht, die fast wie Labors wirken. Die Küche sprengt ihre traditionellen Grenzen und vergrößert sich um viele Quadratmeter, um zu einem der zentralen Bereiche des Zuhauses zu werden. Die neue Generation von Küchen wartet mit Haustechniksystemen und intelligenten Geräten auf, die zahlreiche Funktionen übernehmen. Die Küchenhersteller warten mit einer breit gefächerten Auswahl an hochwertigen Produkten auf, die fortschrittliche Technik und Sicherheitsmerkmale mit aufsehenerregenden Designs und praktischen Lösungen verbinden. Dank der Größe dieser Art von Küchen rücken die Formen der Möbel, die Textur der Materialien und die eingesetzte neueste Technologie in den Vordergrund. Einige der Lösungen verfügen über einen integrierten DVD-Player mit USB-Anschluss, können MP3-, MPG-, AVI- und TXT-Dateien wiedergeben und ermöglichen durch Anschluss eines HDMI-Kabels das Betrachten von Bildern in höchster Qualität. Dies ist eine Alternative für alle, die auf keinen Fall ihre Lieblingssendung verpassen möchten, während sie am Glaskeramikkochfeld stehen.
Der Luxus wird in gestalterischen Details und besonderen Baumerkmalen sichtbar. Die Küchenprojekte zeichnen sich durch Möbel in Sondermaßen und somit durch eine unglaubliche Flexibilität aus, die unterschiedliche Nutzungen ermöglicht. Lang haltbare und maximal vereinfachte Entwürfe sorgen dafür, dass die Funktionalität in jedem Falle sichergestellt ist. Maßgefertigte Unterschränke, Hängeschränke und Regale bieten viel Stauraum und nutzen jeden verfügbaren Zentimeter aus. Was die Materialien anbelangt, so werden vielfach ökologische, vom Forest Stewardship Council (FSC) zertifizierte Holzprodukte und Lacke auf Wasserbasis verwendet, die ohne synthetische Lösungsmittel auskommen.
Diese Küchen sind wahre Herausforderungen, die bestehende Klischees hinter sich lassen und die Kochparadiese der Zukunft darstellen.

Het nieuwe tijdperk van luxe keukens is aangebroken. De huidige gastronomische cultuur heeft de weg vrij gemaakt voor keukens die heuse laboratoria lijken te zijn. De keuken gaat zijn gewone grenzen te buiten en krijgt meer vierkante meter, waardoor hij uitgroeit tot een van vertrekken van de woning die het meest wordt geshowd. In de nieuwe generatie zijn domotica-systemen geïntegreerd, met intelligente installaties waarin een arsenaal aan functies is ingebouwd, die eigen zijn aan die van een keuken van een chef-kok. De huidige keukenmerken presenteren een breed spectrum van technische en veiligheidskwaliteiten met spectaculaire ontwerpen en eersteklas praktische oplossingen. Dankzij de grootte van dit soort keukens worden de vorm van het meubilair alsmede de textuur van de materialen, naast de laatste techniek, steeds belangrijker. Enkele van de voorstellen omvatten een DVD met USB-poort en een MP3, MPG, AVI en TXT bestandlezer ingebouwd en maken het zelfs mogelijk om een HDMI-kabel aan te sluiten om afbeeldingen van hogere kwaliteit te kunnen zien. Het is een alternatief voor degenen die hun favoriete programma niet willen missen terwijl ze achter de glaskeramiek kookplaat staan.
De luxe komt terug in esthetische en constructieve details. In de projecten worden systemen ontwikkeld die qua compositie zeer flexibel zijn en speciale afmetingen hebben, waardoor verschillende gebruiksvormen mogelijk zijn. Duurzame en extreem eenvoudige ontwerpen lossen in veel gevallen functionele aspecten op. Lage meubels, hoge meubels of kastkolommen worden op maat gemaakt, voor meer bergruimte, zonder een centimeter te verspillen. Voor wat betreft de materialen wordt er gekozen voor ecologisch hout, voorzien van het Forest Stewardship Council (FSC)-certificaat, of met lakbehandeling met producten op waterbasis, die het gebruik van synthetische oplosmiddelen overbodig maakt.
Deze keukens zijn heuse uitdagingen die de vastgeroeste clichés overstijgen en een nieuw tijdperk van de keukens van de toekomst inluiden.

È iniziata la nuova era delle cucine di lusso. La cultura gastronomica attuale ha portato alla nascita di cucine che sembrano veri e propri laboratori. La cucina supera i suoi limiti abituali e cresce di dimensioni per trasformarsi in uno degli spazi più esposti della casa. La nuova generazione integra sistemi domotici, con attrezzature intelligenti dotate di un arsenale di funzioni, proprie della cucina di uno chef.
Gli attuali marchi di cucine presentano moltissime varianti con qualità tecniche e di sicurezza, design spettacolari e soluzioni pratiche di grande qualità. Grazie alla disponibilità di una vasta gamma di cucine di questo tipo, le forme degli arredi così come le finiture dei materiali diventano i veri protagosti insieme alle più moderne tecnologie. Alcune proposte comprendono DVD con porta USB e lettore MP3, MPG, AVI e TXT e consentono persino di collegare un cavo HDMI per visualizzare le immagini in alta definizione. Si tratta di un'alternativa interessante per coloro che non vogliono perdersi il proprio programma preferito mentre sono ai fornelli (in vetroceramica!).
Il lusso è percepibile nei dettagli estetici e costruttivi. Questi progetti prevedono lo sviluppo di sistemi di grande flessibilità compositiva, di dimensioni speciali che consentono utilizzi diversi. Progetti fatti per durare nel tempo ed estremamente semplici risolvono spesso gli aspetti funzionali. Mobili bassi, alti o colonne con ripiani vengono realizzati su misura e consentono di disporre di grandi spazi di contenimento senza sprecare neanche un centimetro. Per quanto riguarda i materiali, vengono usati legnami ecologici certificati dal Forest Stewardship Council (FSC) e trattamenti di verniciatura ad acqua che riducono la presenza di solventi sintetici.
Si tratta di vere e proprie sfide che superano i cliché predefiniti e aprono la nuova era delle cucine del futuro.

La nueva era de las cocinas de lujo ha llegado. La cultura gastronómica actual ha dado lugar a cocinas que parecen auténticos laboratorios. La cocina sale de sus límites habituales y gana metros cuadrados para convertirse en uno de los espacios más exhibidos de la vivienda. La nueva generación integra sistemas domóticos con equipos inteligentes que incorporan un arsenal de funciones, propias de la cocina de un chef. Las marcas de cocinas actuales presentan una gama de variedades que poseen cualidades técnicas y de seguridad, con diseños espectaculares y soluciones prácticas de alta calidad. Gracias a la amplitud de este tipo de cocinas, las formas del mobiliario, así como la textura de los materiales, ganan protagonismo junto con la última tecnología. Algunas de las propuestas llevan incorporadas un DVD con puerto USB y lector de archivos MP3, MPG, AVI y TXT, e incluso permiten conectar un cable HDMI para ver las imágenes con mayor calidad. Es una alternativa para aquellos que no se quieren perder su programa favorito mientras están delante de los fogones.
El lujo se percibe en los detalles estéticos y constructivos. Se desarrollan sistemas de una gran flexibilidad compositiva con medidas especiales que permiten disponer de diferentes configuraciones. Diseños duraderos y extremadamente sencillos resuelven en muchas ocasiones los aspectos funcionales. Muebles bajos, muebles altos, columnas de estanterías... El mobiliario se construye a medida para conseguir grandes espacios de almacenamiento sin desperdiciar ni un centímetro. Respecto a los materiales, se utilizan maderas ecológicas certificadas por el Forest Stewardship Council (FSC) o tratamientos barnizados con productos a base de agua que reducen la presencia de disolventes sintéticos.
Estas cocinas son auténticos desafíos que superan los clichés establecidos y encabezan la nueva era de las cocinas.

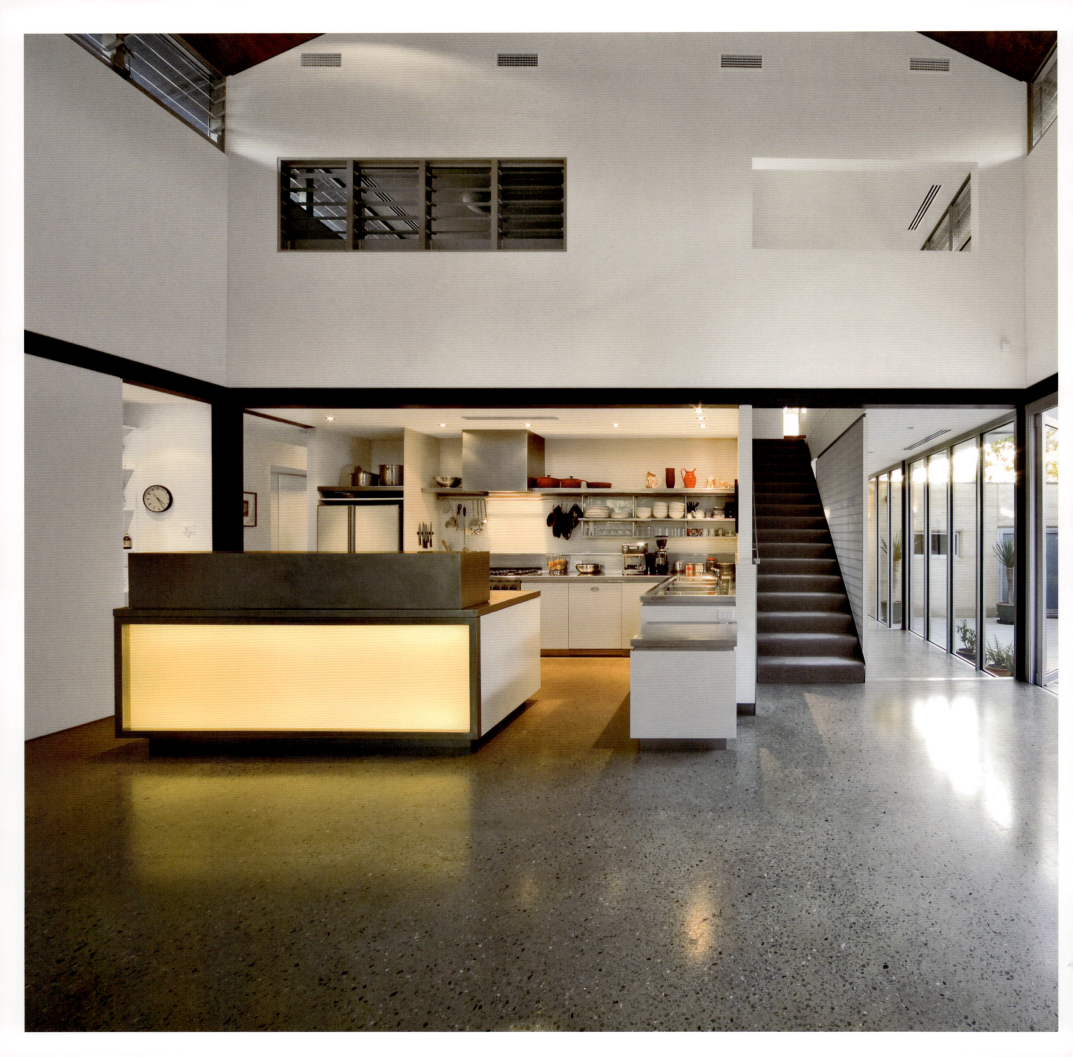

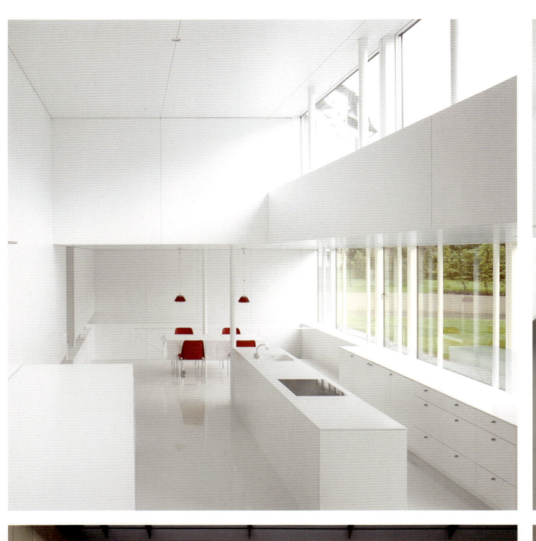

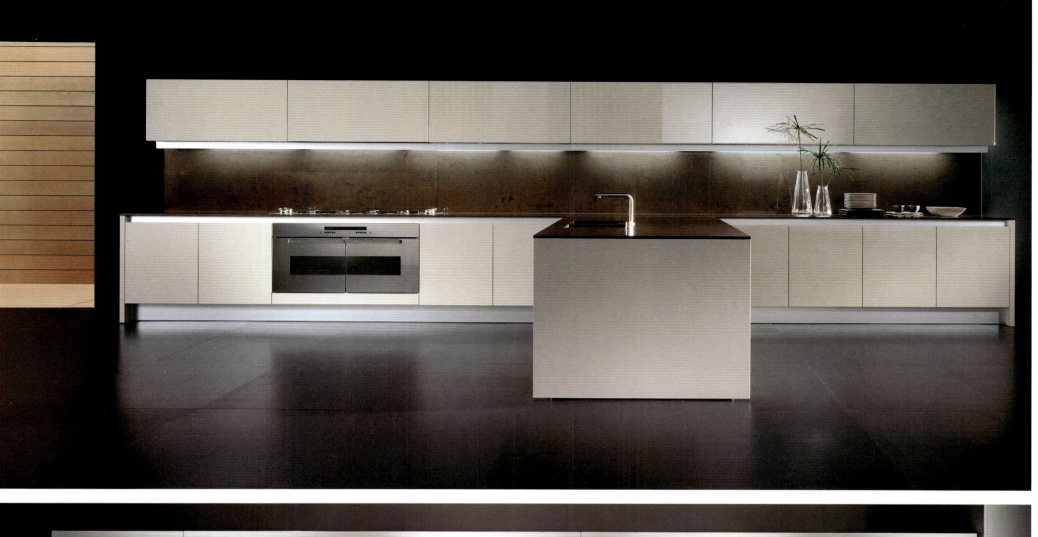

TIPS /
ASTUCES

TECNOCUCINA

TEKA

ERNESTO MEDA

Go for pure lines and white surfaces. This will give you elegant, rational symmetry.

Kies voor zuivere lijnen en witte oppervlakken. Zo krijg je een elegante en rationele symmetrie.

Entscheiden Sie sich für klare Linien und weiße Flächen, um ein elegantes und funktionales Ambiente zu schaffen.

Opta per linee pure e superfici di colore bianco. Otterrai una simmetria elegante e razionale.

Des lignes pures et des surfaces blanches donnent une symétrie élégante et rationnelle.

Opta por líneas puras y superficies de color blanco. Conseguirás una simetría elegante y racional.

Cabinets right up to the ceiling are perfect for storage, or simply to house the fridge, oven and microwave. Tight corners are to be avoided.

Kasten tot aan het plafond zijn perfect voor het opbergen of simpelweg voor de koelkast, de oven en de magnetron. Moeilijk bereikbare hoeken moeten vermeden worden.

Deckenhohe Schränke bieten sich für extra viel Stauraum oder auch für die Unterbringung von Kühlschrank, Backofen und Mikrowelle an. Schwer zugängliche Ecken sollten vermieden werden.

I pensili alti fino al soffitto sono soluzioni perfette per il contenimento o semplicemente per inserire frigorifero, forno e microonde. Evita gli angoli difficilmente accessibili.

Les placards qui vont jusqu'au plafond sont parfaits pour le rangement ou pour les empilements d'appareils électroménagers, réfrigérateur, four et micro-ondes. Il faut toutefois éviter de les placer dans les angles, difficiles d'accès.

Los armarios hasta el techo son perfectos para el almacenamiento o simplemente para colocar la nevera, el horno y el microondas. Hay que evitar los rincones de difícil acceso.

SCHIFFINI

ERNESTO MEDA

DADA

If your budget will allow, go for custom-built units. They will give you more space for storage and preparation of food.

Gebruik op maat gemaakte meubels als het budget dat toestaat. Zij verschaffen meer ruimte voor het opbergen en de bereiding van het eten.

Greifen Sie, sofern Ihr Budget es zulässt, auf maßgefertigte Möbel zurück. Diese sorgen für mehr Stauraum und Platz für die Zubereitung der Speisen.

Ricorri a soluzioni su misura se il budget lo consente. Avrai così più spazio di contenimento e per la preparazione degli alimenti.

Si votre budget vous le permet, les éléments sur mesure sont la solution idéale. Ils permettent de dégager un maximum d'espace, autant pour le rangement que pour la préparation des aliments.

Si el presupuesto lo permite, recurre a las piezas hechas a medida. Aportarán más espacio para el almacenamiento y la preparación de los alimentos.

Event though it is primarily associated with commercial kitchens, stainless steel does not necessarily have to have an industrial look. It can be mixed and matched with wood or stone.

Roestvrij staal hoeft er niet industrieel uit te zien, ook al wordt het meestal in verband gebracht met commerciële keukens. Het kan gecombineerd worden met hout of steen.

Edelstahl wird zwar meist mit Profiküchen aus dem Gastro-Gewerbe in Verbindung gebracht, muss aber nicht zwangsläufig industriell wirken. Mit Materialien wie Holz oder Stein können ansprechende Kombinationen erzielt werden.

L'acciaio inossidabile, anche se associato principalmente alle cucine professionali, non deve trasmettere per forza un aspetto industriale. Può essere combinato con legno o pietra.

L'acier inoxydable, souvent associé aux cuisines professionnelles, n'est pas réservé aux restaurateurs. Il s'associe très bien au bois et à la pierre.

El acero inoxidable, aunque se asocia principalmente a las cocinas comerciales, no tiene por qué ofrecer un aspecto industrial. Puede combinarse con madera o piedra.

ERNESTO MEDA

CESAR

DADA

The interiors of the cabinets can be adapted to a number of different functions. A fridge can have the same design as the unit and be camouflaged inside the cabinet.

De kasten kunnen van binnen aan verschillende functies worden aangepast. Een koelkast kan verdoezeld worden in een kast en hetzelfde ontwerp als het meubel hebben.

Auch das Schrankinnere kann unterschiedliche Funktionen erfüllen. Ein Kühlschrank kann in einem Schrank versteckt werden, der außen die gleiche Gestaltung wie die übrigen Möbel aufweist.

Gli interni dei pensili possono adattarsi a funzioni diverse. Un frigorifero può essere nascosto dentro un pensile riprendendo lo stesso stile del mobile.

L'intérieur des placards s'adapte à différentes fonctions. Le réfrigérateur se dissimule derrière une porte d'armoire assortie au reste de la composition.

Los interiores de los armarios pueden adaptarse a diferentes funciones. Un frigorífico puede quedar camuflado dentro del armario siguiendo el mismo diseño que el mueble.

Furniture with multiple storage possibilities is highly recommended. Placing a bar near the cooking area is really convenient for serving up quick meals.

Aanbevolen wordt om te beschikken over meubilair met vele opbergmogelijkheden. Het plaatsen van een bar vlakbij de kookzone is zeer praktisch voor snelle maaltijden.

Besonders empfehlenswert sind Möbel, die zahlreiche Aufbewahrungsmöglichkeiten bieten. Eine Theke in der Nähe der Kochstelle ist eine praktische Lösung für eine schnelle Mahlzeit zwischendurch.

È raccomandabile disporre di arredi con diverse e molteplici possibilità di contenimento. La sistemazione di un bancone accanto alla zona cottura risulterà particolarmente pratica per i pasti veloci.

Essayez de choisir un mobilier offrant des possibilités de rangement multiples. Une tablette pour prendre ses repas juste à côté de l'endroit où on les prépare est souvent très pratique.

Se recomienda disponer de mobiliario con múltiples posibilidades de almacenaje. Colocar una barra cercana a la zona de cocción resulta muy práctico para las comidas rápidas.

IKEA

CESAR

CESAR

BINOVA

HÄCKER KÜCHEN

If you are going to plan the kitchen yourself, think creatively and pay attention to function. There are a great many options for breaking with tradition and the rules that have dictated how cabinets should be designed.

Als u zelf de keuken ontwerpt, doe dit dan op creatieve en functionele wijze. Er zijn vele mogelijkheden om met de traditionele regels op het gebied van kastontwerp te breken.

Bei der Planung einer eigenen Küche sollten Kreativität und Funktionalität im Vordergrund stehen. Es gibt unzählige Möglichkeiten, um die althergebrachten Regeln für die Anordnung und Aufteilung von Küchenschränken zu brechen.

Chi progetta la cucina da solo potrà realizzare soluzioni creative e funzionali. Vi sono molteplici possibilità per rompere con le regole tradizionali che definiscono la progettazione di pensili e affini.

Si vous créez votre cuisine vous-même, soyez à la fois créatif et pratique. Il y a bien des façons de transgresser les règles de conception des placards pour les adapter à ses besoins.

Si vas a planificar tú mismo la cocina, piensa de forma creativa y funcional. Existen múltiples opciones para romper las tradicionales reglas que rigen el diseño de armarios.

In the kitchen, lighting has a key role to play. Lights should be used in the area where food is prepared, the dining area and storage space.

In de keuken speelt de verlichting een belangrijke rol. Lampen moeten de bereidingszone, de eethoek en de opbergruimte verlichten.

Die Beleuchtung spielt in der Küche eine wichtige Rolle. Die Lichtquellen sollten Kochstelle, Arbeitsfläche, Essbereich und Stauraum gut ausleuchten.

In cucina l'illuminazione svolge un ruolo importante. Le luci devono illuminare la zona di preparazione, lo spazio in cui si mangia e quello di contenimento.

L'éclairage joue un rôle important dans une cuisine. Les foyers lumineux doivent apporter une lumière directe sur le plan de travail, la zone repas et dans le lieu de stockage.

En la cocina, la iluminación desempeña un papel importante. Las luces deben iluminar la zona de preparación, el espacio para comer y los puntos de almacenamiento.

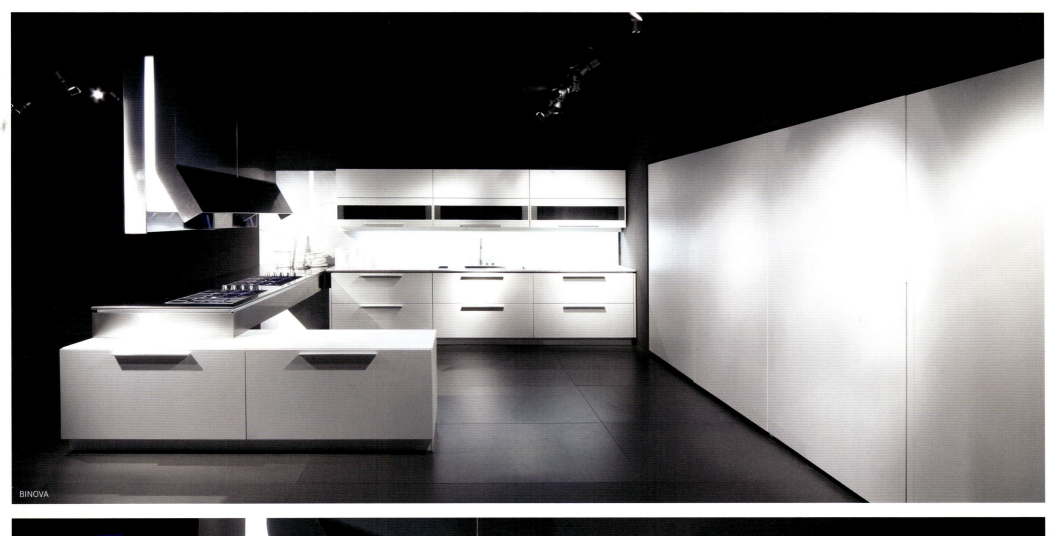

**DIRECTORY OF ARCHITECTS AND DESIGNERS /
RÉPERTOIRE DES ARCHITECTES ET DES DESIGNERS**

123 DV Architectuur & Consult
Amsterdam, The Netherlands
www.123dv.nl
© 123 DV Architectuur & Consult: p. 334, 400

Acn+ Architektur
Vienna, Austria
office@acnplus.at
© Miran Kambic: p. 298-299, 300, 301

Adela Cabré
Barcelona, Spain
www.adelacabreinteriorismo.com
© Jordi Miralles: p. 115, 310

Alejandra Calabrese
Madrid, Spain
www.unlugar.es
© Luis Hevia: p. 408-409

Alla Kazovsky
Los Angeles, CA, USA
T. +1 323 436 0286
© Josh Perrin: p. 314-315

Andrew Maynard Architects
www.maynardarchitects.com
© Andrew Maynard Architects: p. 338, 339, 340-341

Architecture Project (AP)
Valletta, Malta
www.ap.com.mt
© David Pisani, Metropolis, Alberto Favaro
Architecture Project, Aude Franjou, Architecture
Project: p. 359

Arnold/Werner
Munich, Germany
www.arnoldwerner.com
© Christine Dempf: p. 344

Arthur Casas
São Paulo, Brasil
www.arthurcasas.com.br
© Tuca Reinés: p. 307, 316, 405

Assembledge
Los Angeles, CA, USA
www.assembledge.com
© Assembledge: p. 15, 32 bottom right, 33, 153, 318-319, 324, 534-535

Aurora Polo, Borja Garmendia/Pensando en blanco
Hondarribia, Spain
www.pensandoenblanco.com
© Galder Izaguirre: p. 30, 31, 274-275, 386-387, 441, 447 right

Belzberg Architects
Santa Monica, CA, USA
www.belzbergarchitects.com
© Art Gray: p. 154-155, 311, 317, 425

BKK Architects
Melbourne, Australia
www.b-k-k.com.au
© Shania Shegedyn: p. 308-309

Carolina Nisivoccia
Milano, Italy
www.nisivoccia-architettura.com
© Caroline Mayer: p. 39
© Paolo Utimpergher, Paolo Riolzi: p. 134, 262, 265, 266, 267, 504, 545

Carreté Gelpí Arquitectes
Barcelona, Spain
www.cga.cat
© Jordi Miralles: p. 104

Casey Brown Architecture
East Sydney, Australia
www.caseybrown.com.au
© Anthony Browell, Patrick Bingham-Hall: p. 330, 331

Centrala Designers Task Force
www.centrala.net.pl
© Nicolas Grospierre: p. 47

Desai/Chia Architecture
New York, NY, USA
www.desaichia.com
© Paul Warchol: p. 394-395, 546-547, 554-555

Despang Architekten
Dresden, Germany
www.despangarchitekten.de
© Martin Despang: p. 171

**Emma Doherty, Amanda Menage/
Bermondsey Street Studio**
London, United Kingdom
www.bstreetstudio.co.uk
© Miran Kambic: p. 302, 303, 304, 305, 312, 313

Filippo Bombace
Roma, Italy
www.filippobpmbace.com
© Luigi Filetici: p. 34, 41, 126, 127, 129, 146, 147, 161, 177, 282-283, 284, 292-293, 519

Fiona Winzar Architects
St Kilda, Australia
www.winzar-architects.com.au
© Patrick Redmond: p. 438

Andreas Fuhrimann Gabrielle Hächler Architekten
Zurich, Switzerland
www.afgh.ch
© Valentin Jeck: p. 281 up, 383, 432

Greg Natale Design
Surry Hills, Australia
www.gregnatale.com
© Sharrin Rees: p. 108 right, 322-323

Gregory Phillips Architects
London, United Kingdom
www.gregoryphillips.com
© Darren Chung: p. 165, 173, 336-337, 346-347, 404, 410-411, 412- 413

Hal Ingberg Architecte, James Aitken Architecte
Montreal, Canada
www.halingberg.com
© Hal Ingberg: p. 166 left

Hofman Dujardin Architecten
Amsterdam, The Netherland
www.hofmandujardin.nl
© Matthijs van Roon: p. 24

Holodeck Architects
Vienna, Austria
www.holodeck.at
© Ike Branco: p. 27

i29 Interior Architects
Duivendrecht, The Netherlands
www.i29.nl
© i29: p. 103, 150, 151, 427

I-Beam Design
New York, NY, USA
www.i-beamdesign.com
© Silke Mayer, Andreas Sterzing: p. 396 left

Ian Moore Architects
Sydney, Australia
www.ianmoorearchitects.com
© Brett Boardman: p. 152-153, 247, 306, 406-407

Ibarra Rosano Design Architects
Tucson, AZ, USA
www.ibarrarosano.com
© Bill Timmerman: p. 512, 513 left

Jordi Galí & Estudi
Barcelona, Spain
www.jgaliestudi.com
© Jordi Miralles: p. 114, 424

Julie Brion & Tanguy Leclercq
Brussels, Belgium
www.brionleclercq.com
© Laurent Brandajs: p. 321, 524

Klumpp + Klumpp Architekten
Aichtal, Germany
www.klumpp-architekten.de
© Zooey Brown: p. 42, 43

Lichtbau.Wagner Architects
www.lichtblauwagner.com
Vienna, Austria
© Lichtbau.Wagner Architects: p. 32 top right

Lizarriturry Tuneu
Palau Sator, Spain
www.lizarriturry.com/arquitectura
© José Luis Hausmann: p. 120, 121, 122-123, 442-443

Magén Arquitectos
Zaragoza, Spain
www.magenarquitectos.com
© Eugeni Pons: p. 401

Markus Wespi Jérôme de Meuron
Caviano, Switzerland
www.wespidemeuron.ch
© Hannes Henz: p. 248, 249, 250-251, 348, 397

Matali Crasset Productions
Paris, France
www.matalicrasset.com
© Patrick Gries: p. 148-149

Miró Rivera Architects
Austin, TX, USA
www.mirorivera.com
© Paul Finkel: p. 167

Murdock Young Architects
New York, NY, USA
www.murdockyoung.com
© Frank Oudeman: p. 402-403

Nadejda Topouzanov, Vladimir Topouzanov
Montreal, Canada
© Vladimir Topouzanov: p. 345

Nieberg Architect
Hanover, Germany
www.nieberg-architect.de
© Axel Nieberg: p. 157

One Plus Partnership
Hong Kong, China
www.onelusparntership.com
© Virginia Lung: p. 106, 107

Oonagh Ryan
Los Angeles, CA, USA
oonagh.r@gmail.com
© Scott Mayoral, Oonagh Ryan, Stuart Gow: p. 358

Pierre Hebbelinck Atelier d'Architecture
Liège, Belgium
www.pierrehebbelinck.net
© Marie-Françoise Plissart: p. 285, 506

Project Orange
London, United Kingdom
www.projectorange.com
© Gareth Gardner: p. 272, 273
© Jonathan Pile: p. 278-279, 440

Raiser Lopes Designers
Stuttgart, Germany
www.raiserlopes.com
© Frank Kleinbach: p. 288, 289

Raúl Campderrich/Air Projects
Barcelona, Spain
www.air-projects.com
© Jordi Miralles: p. 105

René Chavanne
Vienna, Austria
www.renechavanne.com
© René Chavanne: p. 46

Samsó + Associats
Barcelona, Spain
T. +34 93 412 12 43
© Jordi Miralles: p. 112, 113, 528-529

Scape Architects
London, United Kingdom
www.scape-architects.com
© Michele Panzieri: p. 136, 137, 138, 513 right, 514-515

SHH Architects
London, United Kingdom
www.shh.co.uk
© SHH Architects: p. 124-125, 290-291, 444-445, 446

SPF:architects
Culver City, CA, USA
www.spfa.com
© John Linden: p. 286, 436, 428, 439

Stelle Architects
Bridgehampton, NY, USA
www.stelleco.com
© Stelle Architects: p. 268, 418-419

Stephen Jolson Architects
Prahran, Australia
www.jolson.com.au
© Shania Shegedyn: p. 109, 110, 111, 437, 550-551

Swartz Design Associates
Hamburg, Germany
www.swartzdesign.com
© Swartz Design: p. 256

Tom Ferguson Architecture & Design
Surry Hills, Australia
www.tfad.com.au
© Simon Kenny: p. 116, 521

PHOTO CREDITS / CRÉDITS PHOTOGRAPHIQUES

© Aiko Mitsubishi: p. 255

© Alessi: p. 36, 37, 492, 493

© Alno Ibérica: p. 35 left, 166 right, 184-185, 258-259, 261, 360-361, 362-363, 498-499

© Andreas Ilg: p. 108 left, 158, 159 left

© Artificio: p. 16, 17, 19

© Binova: p. 263, 264, 368, 369, 420, 421, 426, 429, 435, 496, 501, 502-503, 507, 525

© Boffi: p. 21, 26 right, 522-523, 541, 543

© Bruno Helbling: p. 40

© Bruno Klomfar: p. 160

© Bulthaup: p. 118, 294, 295, 389, 497

© Cesar: p. 139, 276, 277, 280, 508, 516-517

© Christophe Pillet: p. 142-143

© Dada: p. 18, 25, 32 top right, 32 bottom left, 156, 170, 180 right, 181, 182, 183, 526, 527

© Dardelet: p. 254

© Dao Lou Zha : p. 159 right, 178 right

© David Cardelús: p. 140, 141

© David Frank Photografie: p. 388

© Dica: p. 144-145, 500

© Ebanis: p. 119, 230, 287, 296-297, 430-431, 538-539

© Ernesto Meda: p. 135, 180 left, 257, 260 left and right , 307 right, 349, 412-413, 544

© Eugeni Pons: p. 162, 163, 414

© Fagor: p. 22-23, 214, 510-511

© Gamadecor: p. 364-365, 366-367, 364-365

© Häcker Küchen: p. 132-133, 186-187, 352, 353, 396 right, 450-451, 452-453, 455

© Hardy Inside: p. 130, 131, 509

© Hisao Suzuki : p. 252-253

© John Gollings: p. 325, 326, 518

© Jordi Miralles: p. 164, 390-391, 392

© José Luis Hausmann: p. 28, 29

© Kohler: p. 520

© Molbalco: 208 left, 209 right, 269, 270-271, 433

© Murray Fredericks: p. 320, 416-417

© Nomad: p. 26 right

© Poggenpohl: p. 328-329, 530-531, 532-533

© Polifom: p. 332-333, 335, 448-449

© Rational: p. 342-343

© Scavolini: p. 35 right, 117, 128, 176, 505, 536, 537,

© Schiffini: p. 350-351, 356-357, 385, 398-399, 548-549, 553

© Schmidt: p. 434

© Sheer: p. 20

© Spaceworks: p. 354-355

© TM Italia: p. 174-175

© Yael Pincus: p. 169, 172, 178 left, 179, 384, 393, 540